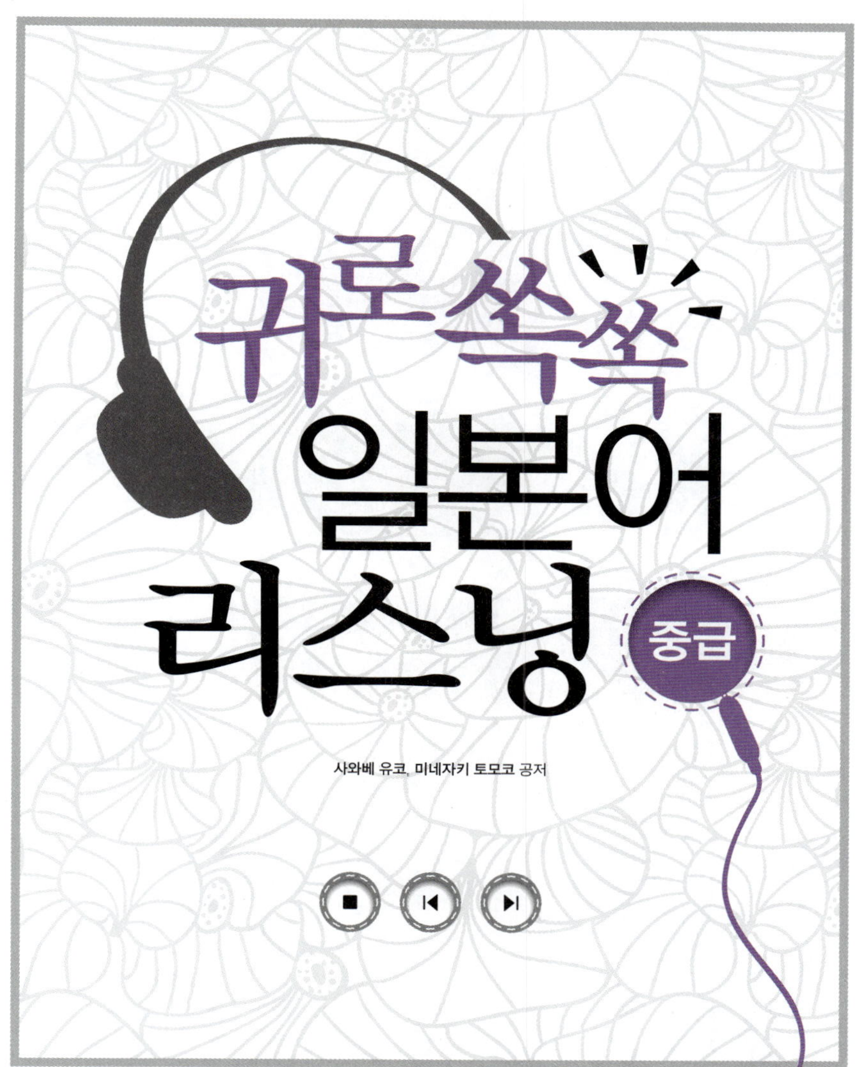

귀로 쏙쏙 일본어 리스닝

중급

사와베 유코, 미네자키 토모코 공저

다락원

『귀로 쏙쏙 일본어 리스닝 – 중급』에 오신 여러분, 환영합니다!

여러분이 일본어를 공부하려는 이유는 무엇입니까? 일본어로 대화를 하고 싶다, 일본에 대해서 알고 싶다, 일본어로 뉴스나 텔레비전 방송을 이해하고 싶다. 그러한 목표를 갖고 있는 여러분에게 이 책은 분명 도움이 될 것입니다.

본 교재는 초급 단계를 마치고 중급 단계에 들어선 일본어 학습자를 대상으로, 더욱 일본어 어휘와 표현을 풍부하게 하고 다양한 화제에 대해 '듣고 이해하는' 것을 목표로 만들어졌습니다. 회화문 뿐만아니라 혼자서 이야기하는 독화 형식의 스피치나 방송 등을 듣고 이해하기 위한 연습이 과마다 포함되어 있어, 보다 다양한 장르의 내용을 접할 수 있습니다.

본 교재는 전체 15과 구성으로 여러 가지 화제를 담고 있습니다. 학습자가 일본어로 커뮤니케이션을 할 때나 각종 미디어 등에서 화제가 될 만한 주제를 선택해, 듣는 연습을 하면서 일본의 여러가지 문화적 측면도 접할 수 있습니다. 듣고 이해했다면, 다음은 각각의 화제에 대한 자신의 이야기를 실제로 해 보세요. '듣고 말하는' 연습을 하고 싶은 여러분이라면 분명 즐겁게 일본어 공부를 해 나갈 수 있을 것입니다.

이 책은 학습자가 자신에게 필요하다고 생각되거나 흥미가 있는 어느 과부터든지 학습을 시작할 수 있습니다. 중급편에서는 초급편보다 추상적이고 전문적인 어휘와 표현을 수록하고 있으며, 회화나 독화의 청해, 말하기와 섀도잉 연습 등 다양한 연습을 포함하고 있어, 한 개의 과를 마칠 때쯤이면 그 주제에 대해서 듣고 말하기 위한 실력이 상당 수준 갖추어졌을 것입니다. 수업에서 본 교재를 사용해 학습할 때에는, 반드시 동급생이나 선생님과 그 주제에 대해 많은 의견을 교환하고 즐기면서 공부해 주시기 바랍니다. 그리고 과의 마지막 부분에 있는 자기평가 체크 코너에서 그때마다 확인해 가면서 앞으로 학습할 과제를 발견하며 학습을 계속해 주시기 바랍니다.

여러분의 일본어 학습에 본 교재가 조금이라도 도움이 되기를 바랍니다.

끝까지 힘 내세요!

2014년 9월
저자 일동

본 교재 『귀로 쏙쏙 일본어 리스닝 – 중급』은 사회적인 장면에서 이루어지는 회화나 다양한 주제에 대한 방송을 듣고 이해하는 것을 목표로 하는 듣기 교재입니다. 또 각각의 화제에 대해 자신에게 해당하는 일을 말로 표현할 수 있도록 말하는 연습을 많이 포함하고 있습니다. 주로 '듣고 말하는' 연습을 하길 원하는 중급 단계의 학습자를 위한 교재입니다.

부록에는 듣기 대본과 연습 문제의 정답, ことばと表現에 포함되지 않은 단어와 표현을 수록한 단어 정리를 포함하고 있습니다.

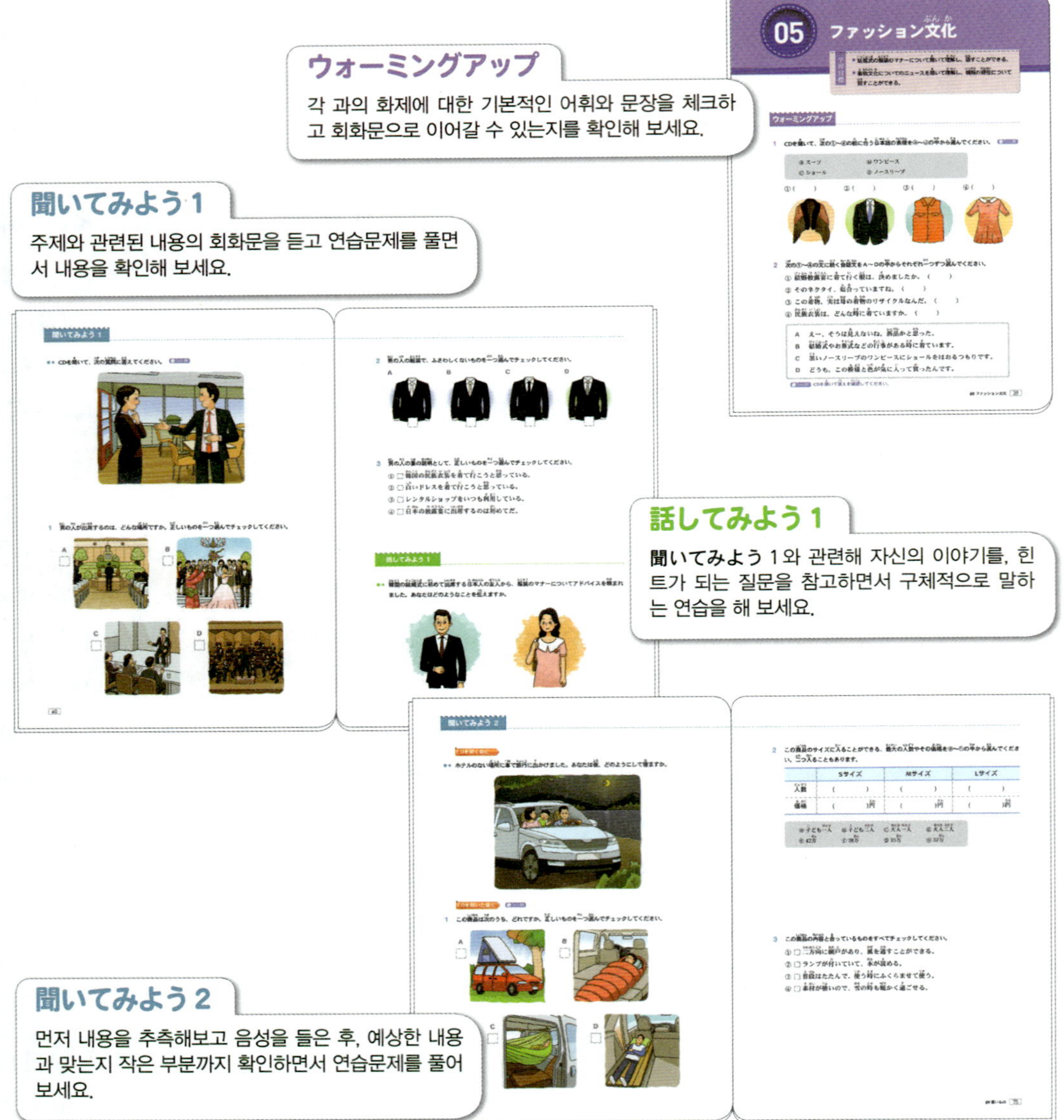

ウォーミングアップ

각 과의 화제에 대한 기본적인 어휘와 문장을 체크하고 회화문으로 이어갈 수 있는지를 확인해 보세요.

聞いてみよう1

주제와 관련된 내용의 회화문을 듣고 연습문제를 풀면서 내용을 확인해 보세요.

話してみよう1

聞いてみよう1와 관련해 자신의 이야기를, 힌트가 되는 질문을 참고하면서 구체적으로 말하는 연습을 해 보세요.

聞いてみよう2

먼저 내용을 추측해보고 음성을 들은 후, 예상한 내용과 맞는지 작은 부분까지 확인하면서 연습문제를 풀어 보세요.

話してみよう 2

聞いてみよう 2와 관련해 자신의 이야기를 구체적으로 말하는 연습을 해 보세요.

シャドーイングしてみよう

음성을 듣고, 들은 대로 집중해서 따라 말하는 연습을 해 보세요. 섀도잉 연습은 듣는 능력을 기르는데 효과적인 훈련입니다.

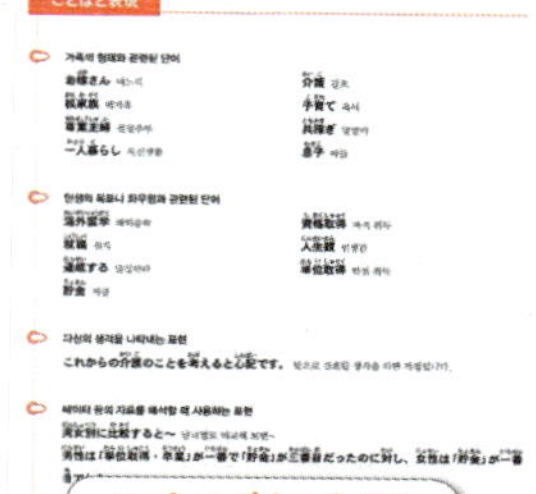

ことばと表現

각 과의 학습 주제와 관련하여 익혀 두어야 할 단어와 표현을 정리해 놓았습니다.

コラム

각 과에서 다룬 주제에 대한 칼럼을 읽으며 일본에 대한 이해도를 높여 보세요. 부록에 한국어 해석이 포함되어 있으니 필요에 따라 참고하시기 바랍니다.

自己評価してみよう

각 과의 학습을 끝낸 후에 학습목표를 재확인하고 달성도를 체크해 보세요.

| 듣기 대본과 정답 | 단어 정리 |

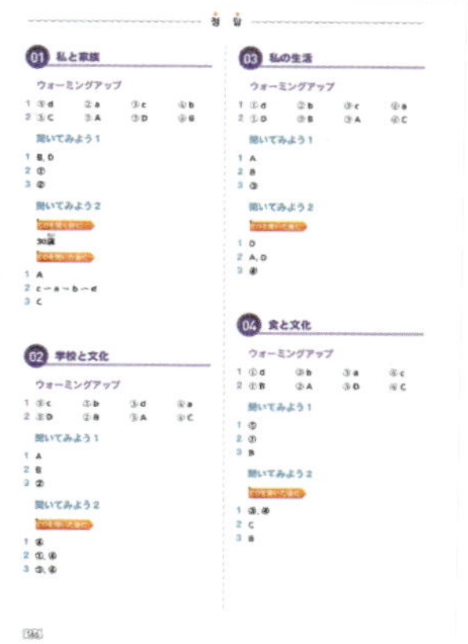

01 私と家族

学習目標
★ 家族の在り方に対する考え方を聞いて理解し、話すことができる。
★ 人生観についてのニュースを聞き取り、自分の人生観について話すことができる。

ウォーミングアップ

1 CDを聞いて、次の①〜④の絵に合う日本語の表現を③〜ⓓの中から選んでください。　🔊 Track 02

ⓐ 一人暮らし　　　ⓑ 核家族
ⓒ 子育て　　　　　ⓓ 介護

① (　　　　)　　② (　　　　)　　③ (　　　　)　　④ (　　　　)

2 次の①〜④の文に続く会話文をA〜Dの中からそれぞれ一つずつ選んでください。

① 結婚するために、何を準備したらいいかなぁ。　(　　　　)
② 大学、ちゃんと卒業できそう？　(　　　　)
③ 一番大切にしたい人は誰ですか。　(　　　　)
④ 最近、忙しそうですね。　(　　　　)

🔊 Track 03　CDを聞いて答えを確認してください。

A　大丈夫。必要な単位は取得できたから。

B　運転免許をとるために自動車学校に通っているんです。

C　まずは、貯金をしっかりしなくちゃ。

D　来年結婚するつもりなので、今の恋人です。

●● CDを聞いて、次の質問に答えてください。 Track 04

1 ゲスト二人の家族構成として合っているものにチェックしてください。

佐々木さん

木村さん

2 佐々木さんのお母さんは、どんな考えを持っていますか。正しいものを一つ選んでチェックしてください。

① □ 友達の近くで暮らしたい。
② □ 東京に来たい。
③ □ 一人で暮らしたくない。
④ □ 孫と一緒に暮らしたい。

3 木村さんの息子さんは、どんな考えを持っていますか。正しいものを一つ選んでチェックしてください。

① □ 両親と一緒に住みたくない。
② □ 両親に子育てを手伝ってほしい。
③ □ 妻に専業主婦になってほしい。
④ □ 外で働いてほしい。

話してみよう 1

●● 親と同居すること、核家族で暮らすことについて、どう思いますか。そのメリットとデメリットについて話し合ってみましょう。

CDを聞く前に

●● 次はある調査の結果を発表した記事の見出しです。調査の対象となった人は、どの年齢の人だと思いますか。チェックしてください。

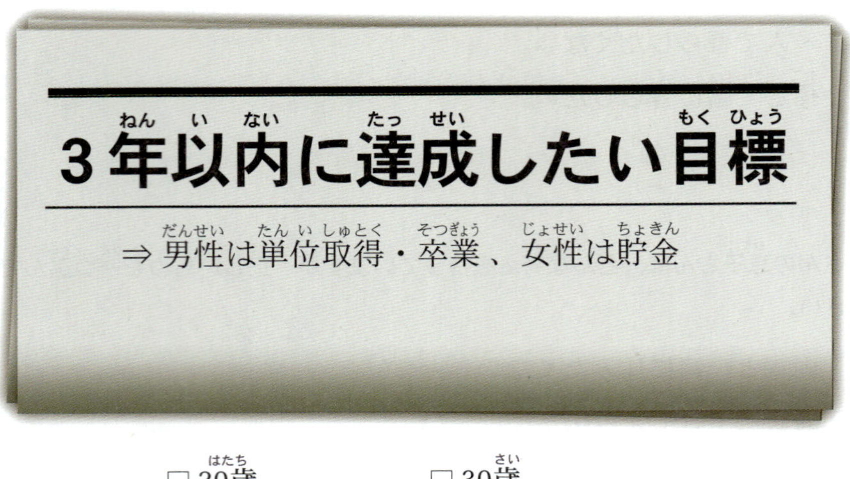

□ 15歳　　　　　□ 20歳　　　　　□ 30歳

CDを聞いた後に　🔊 Track 05

1　正しい円グラフはどちらですか。チェックしてください。

A □

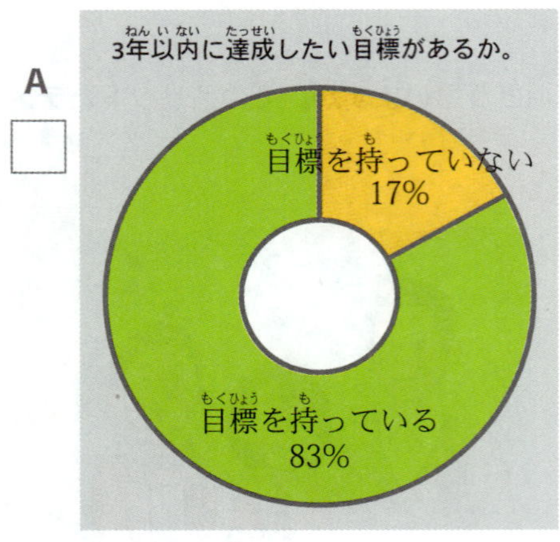

B □

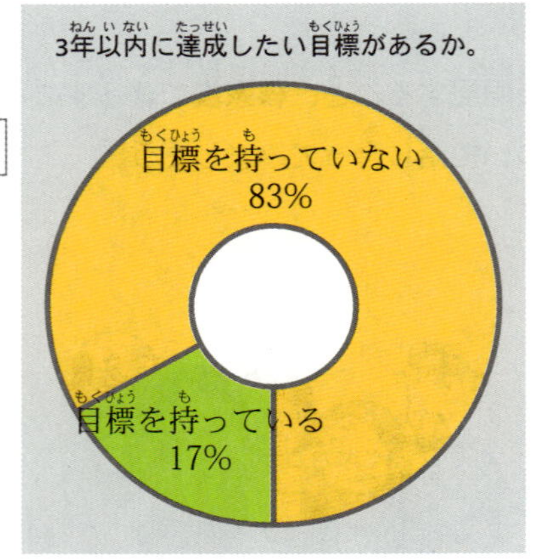

2 全体ではどんな目標が多かったですか。正しい順番に並べてください。

1位（　　　　）→　2位（　　　　）→　3位（　　　　）→　4位（　　　　）

ⓐ 貯金　　　　　　ⓑ 資格取得　　　　　　ⓒ 単位取得・卒業
ⓓ 就職　　　　　　ⓔ 海外留学

3 これから一番大切にしたい人の調査結果として、正しいものを一つ選んでチェックしてください。

A

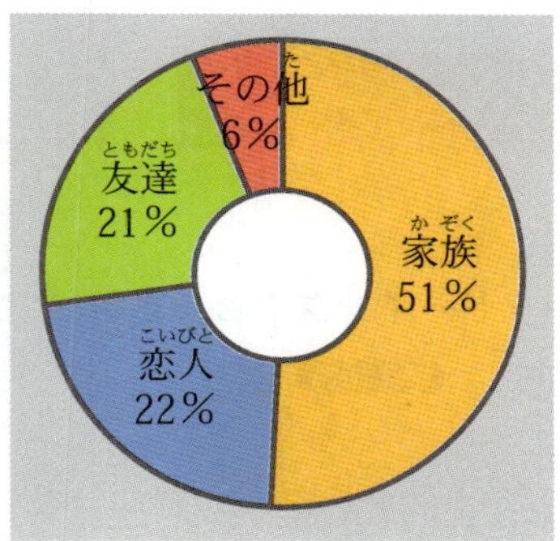

B

C

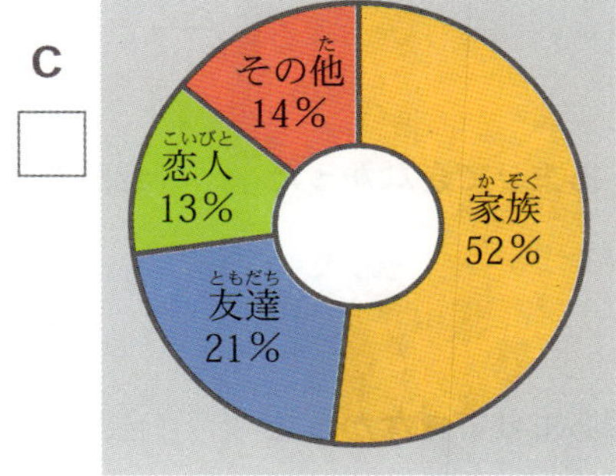

D

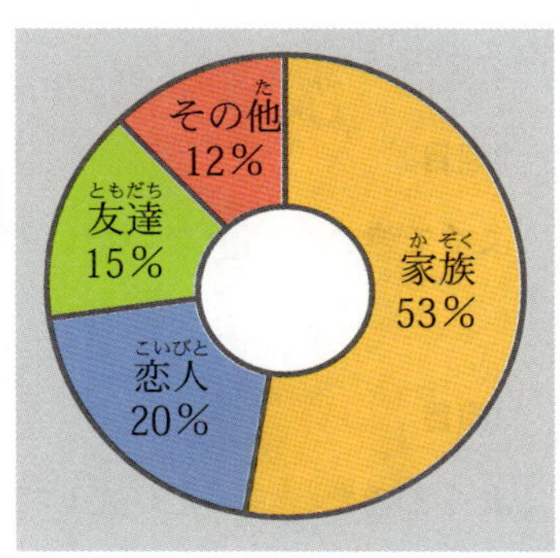

●● あなたが持っている人生観について、話してみましょう。

- どんな目標を持っていますか。その理由も話してください。
- 一番大切にしたい人は、誰ですか。その理由も話してください。

シャドーイングしてみよう

●● どれくらいシャドーイングできますか。CDを聞きながらシャドーイングをして、自己評価をしてみましょう。 ● Track 06

1回目

□ よくできた　　□ だいたいできた　　□ あまりできなかった　　□ 全然できなかった

2回目

□ よくできた　　□ だいたいできた　　□ あまりできなかった　　□ 全然できなかった

3回目

□ よくできた　　□ だいたいできた　　□ あまりできなかった　　□ 全然できなかった

○ 가족의 형태와 관련된 단어

お嫁さん 며느리　　**介護** 간호

核家族 핵가족　　**子育て** 육아

専業主婦 전업주부　　**共稼ぎ** 맞벌이

一人暮らし 독신생활　　**息子** 아들

○ 인생의 목표나 좌우명과 관련된 단어

海外留学 해외유학　　**資格取得** 자격 취득

就職 취직　　**人生観** 인생관

達成する 달성하다　　**単位取得** 학점 취득

貯金 저금

○ 자신의 생각을 나타내는 표현

これからの介護のことを考えると心配です。　앞으로 간호할 생각을 하면 걱정입니다.

○ 데이터 등의 자료를 해석할 때 사용하는 표현

男女別に比較すると〜　남녀별로 비교해 보면〜

男性は「単位取得・卒業」が一番で「貯金」が三番目だったのに対し、女性は「貯金」が一番目でした。

남성은 '학점 취득·졸업'이 1순위이고 '저축'이 3순위였던 것이 비해, 여성은 '저축'이 1순위였습니다.

人生観を変えた出来事 🎧 Track 07

　みなさんは、今までに自分の人生観を変えるような出来事がありましたか。日本では、2011年にあった東日本大震災を機に、人生観が変わった人たちが多くいます。震災が起こる前まででは、高収入や社会での出世こそが一番大切であると考える人が多くいました。しかし、震災後には収入よりも家族の近くで働けることの方が大切であると考えたり、自分の仕事によって社会貢献したいと思う人の割合が増えました。また、震災後に結婚するカップルが増加するという現象も起こりました。東日本大震災を通じて、人々は他の人とのつながりの大切さに気付いたのでしょう。毎年、その年の世相を表す漢字一文字を選ぶ「今年の漢字」でも、2011年には「絆」という漢字が選ばれています。東日本大震災を機に変わった日本の人々の意識。それは、日本の社会をこれからどのように変えていくでしょうか。

自己評価してみよう

★ 家族の在り方に対する考え方を聞いて理解し、話すことができる。

聞くこと
□よくできた　　□だいたいできた　　□あまりできなかった　　□全然できなかった

話すこと
□よくできた　　□だいたいできた　　□あまりできなかった　　□全然できなかった

★ 人生観についてのニュースを聞き取り、自分の人生観について話すことができる。

聞くこと
□よくできた　　□だいたいできた　　□あまりできなかった　　□全然できなかった

話すこと
□よくできた　　□だいたいできた　　□あまりできなかった　　□全然できなかった

02 学校と文化

★ 受験に関する文化について聞いて理解し、話すことができる。

★ 学校紹介のスピーチを聞いて、学校の特徴を理解し、自分の学校の特徴について話すことができる。

ウォーミングアップ

1 CDを聞いて、次の①〜④の絵に合う日本語の表現を@〜@の中から選んでください。  Track 08

@ 高校　　　　　@ 部活
@ お守り　　　　@ 合格

① (　　　)　　　② (　　　)　　　③ (　　　)　　　④ (　　　)

2 次の①〜④の文に続く会話文をA〜Dの中からそれぞれ一つずつ選んでください。

① 今日はちょっと神社に寄って帰らなくちゃいけないんです。（　　　）

② 高校に行ったら、何がしたい？（　　　）

③ 合格を願って食べる食べものって、いろいろありますよね。（　　　）

④ 娘に毎日納豆を食べさせているんです。（　　　）

A　そうですね。母にとんかつを作ってもらった思い出がありますよ。

B　部活とか勉強以外のこともいろいろしてみたいな。

C　健康にいいし、値段も安いし、いいですよね。

D　受験のお守り、買いに行くんでしょう。

Track 09　CDを聞いて答えを確認してください。

聞いてみよう 1

●● CDを聞いて、次の質問に答えてください。 Track 10

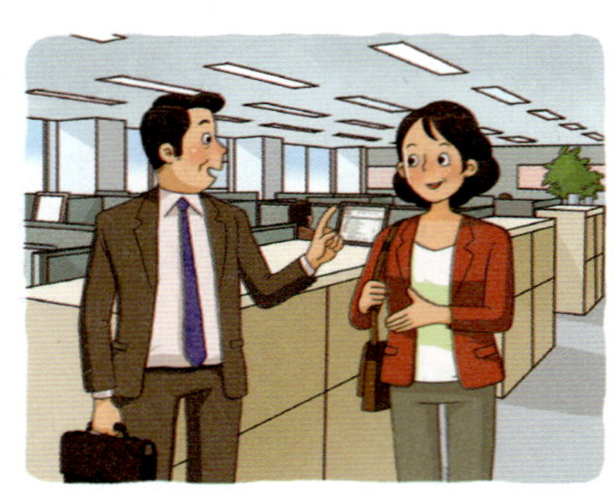

1　女の人は、これからどこに行くでしょうか。順序が正しいものを一つ選んで、チェックしてください。

A □

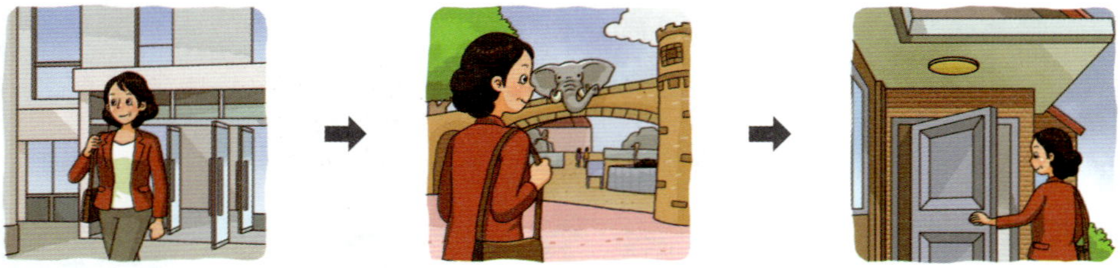

B □

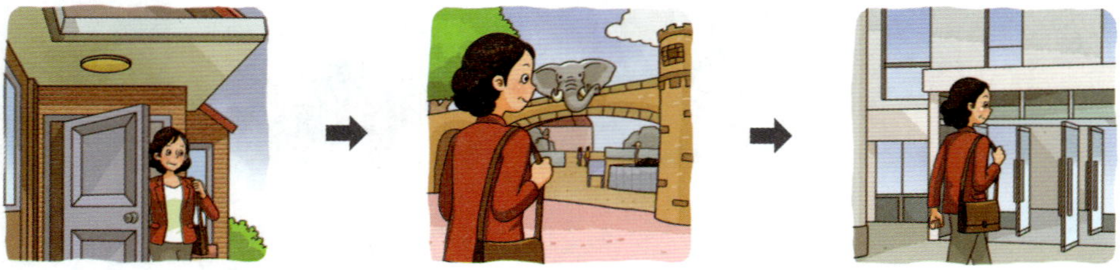

C □

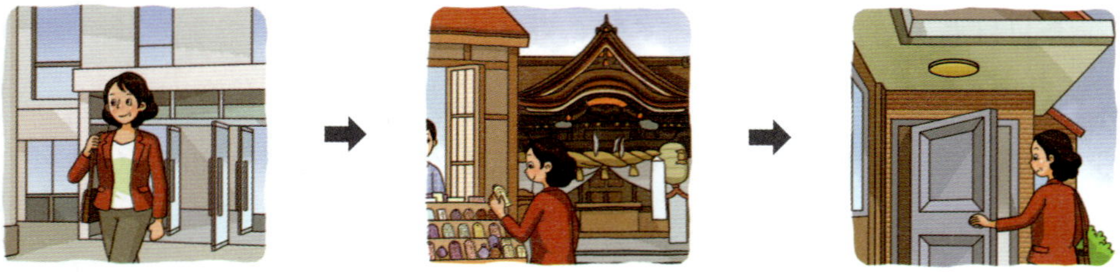

D □

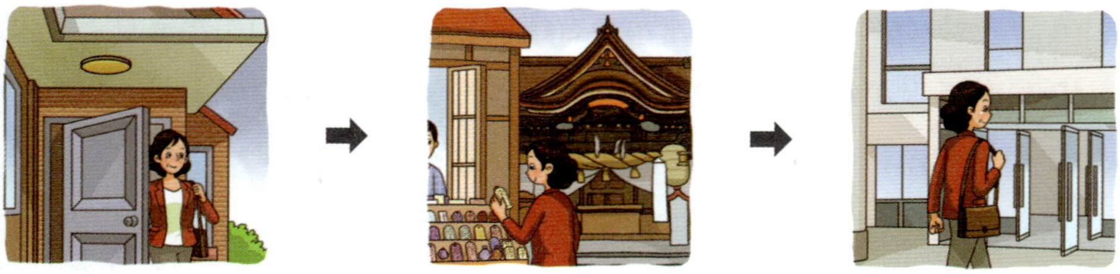

<ruby>2<rt></rt></ruby> <ruby>女<rt>おんな</rt></ruby>の<ruby>人<rt>ひと</rt></ruby>は、<ruby>娘<rt>むすめ</rt></ruby>が<ruby>試験<rt>しけん</rt></ruby>に<ruby>合格<rt>ごうかく</rt></ruby>するために、どのようなことをしていますか。<ruby>正<rt>ただ</rt></ruby>しいものを<ruby>一<rt>ひと</rt></ruby>つ<ruby>選<rt>えら</rt></ruby>んでチェックしてください。

3 <ruby>男<rt>おとこ</rt></ruby>の<ruby>人<rt>ひと</rt></ruby>は、<ruby>受験<rt>じゅけん</rt></ruby>の<ruby>合格<rt>ごうかく</rt></ruby>を<ruby>願<rt>ねが</rt></ruby>って、どのようなことをしていましたか。<ruby>正<rt>ただ</rt></ruby>しいものを<ruby>一<rt>ひと</rt></ruby>つ<ruby>選<rt>えら</rt></ruby>んでチェックしてください。

① □ <ruby>毎日<rt>まいにち</rt></ruby>お<ruby>菓子<rt>かし</rt></ruby>を<ruby>買<rt>か</rt></ruby>って<ruby>食<rt>た</rt></ruby>べていた。

② □ <ruby>母親<rt>ははおや</rt></ruby>にとんかつを<ruby>作<rt>つく</rt></ruby>ってもらって<ruby>食<rt>た</rt></ruby>べていた。

③ □ <ruby>粘<rt>ねば</rt></ruby>り<ruby>強<rt>づよ</rt></ruby>くなるために、<ruby>毎朝<rt>まいにち</rt></ruby><ruby>納豆<rt>なっとう</rt></ruby>を<ruby>食<rt>た</rt></ruby>べていた。

④ □ コアラのお<ruby>守<rt>まも</rt></ruby>りを<ruby>買<rt>か</rt></ruby>って<ruby>持<rt>も</rt></ruby>っていた。

話してみよう 1

●● みなさんは、<ruby>受験<rt>じゅけん</rt></ruby>の<ruby>時<rt>とき</rt></ruby>に<ruby>合格<rt>ごうかく</rt></ruby>を<ruby>願<rt>ねが</rt></ruby>ってどんなことをしましたか。<ruby>自分<rt>じぶん</rt></ruby>の<ruby>経験<rt>けいけん</rt></ruby>を<ruby>話<rt>はな</rt></ruby>してみましょう。

CDを聞く前に

●● 高校時代は、どんな学校生活を送るべきだと思いますか。
次のうち、当てはまるものにチェックして、その理由について簡単に話してください。

□ 部活に打ち込む　　　　　　　　□ 海外に語学研修に行く

□ 素晴らしい仲間たちと過ごす　　□ 熱心な先生方の授業を聞く

理由：

CDを聞いた後に　　Track 11

1　この学校は、どんな高校でしょうか。正しいものを一つ選んでチェックしてください。

① □ 英語に力を入れている進学校

② □ 笑顔の絶えない工業高校

③ □ スポーツが強い商業高校

④ □ 大学に推薦で進学できる附属高校

2 この学校の特徴として正しいものを、次の中から二つ選んでチェックしてください。

① □ 大学の授業を聞くことができる。

② □ 部活を頑張ると進学できる。

③ □ アメリカの高校で語学研修に参加できる。

④ □ 自習室など、勉強しやすい環境がある。

3 この学校にはどんなことがしたい人が入学するでしょうか。当てはまるものを全てチェックしてください。

① □ 同じ趣味の友達を作りたい。

② □ 就職のために、多くの技術を身につけたい。

③ □ 勉強だけではなく、部活も頑張りたい。

④ □ 高校でさまざまな経験をして、大学に進学したい。

●● あなたの出身校、または在学中の学校についてこれから入学する人に紹介してみましょう。

・どんな特徴がありますか。
・特におすすめしたいポイントは何でしょうか。

シャドーイングしてみよう

●● どれくらいシャドーイングできますか。CDを聞きながらシャドーイングをして、自己評価をしてみましょう。 Track 12

1回目

□ よくできた　　□ だいたいできた　　□ あまりできなかった　　□ 全然できなかった

2回目

□ よくできた　　□ だいたいできた　　□ あまりできなかった　　□ 全然できなかった

3回目

□ よくできた　　□ だいたいできた　　□ あまりできなかった　　□ 全然できなかった

◦ 수험과 관련된 단어와 표현

受験 수험　　　　**合格** 합격

お守り 부적　　　**コアラ** 코알라

納豆 낫또　　　　**粘り強い** 끈질기다

記憶 기억　　　　**欠かせない** 빼놓을 수 없다

きっと勝つ 꼭 이기다, 꼭 합격하다

◦ 학교 소개와 관련된 단어와 표현

わが校 우리 학교　　　　**附属高校** 부속 고등학교

打ち込む 전념하다　　　　**有意義な** 의의가 있는, 의미있는

特徴の一つ 특징 중 하나　　　**語学研修プログラム** 어학연수 프로그램

絶える 끊어지다, 끊기다　　　**笑顔の絶えない** 웃음이 끊이지 않는

損はない 손해 볼 것은 없다　　　**推薦** 추천

仲間 동료, 친구　　　　**過ごす** 지내다, 보내다

海外 해외　　　　**参加** 참가

進学 진학　　　　**進学校** 재학생들의 진학을 중시하는 학교

商業高校 상업고등학교　　　**工業高校** 공업고등학교

自習室 자습실　　　　**環境** 환경

就職 취직　　　　**身につける** (학문·기술 등을) 익히다

桜の季節 🔊 Track 13

春になると咲く桜の花。日本では、ニュースで桜の花が咲く時期を知らせます。このような花は他にはありません。つまり、桜は日本人にとって、他の花とは違う特別な花なのです。桜といえば、お花見をイメージする人も多いでしょう。各地に有名な桜の名所があり、桜が咲く季節には、多くの人が花見に出かけます。一方で、桜には、お花見の楽しい雰囲気とは違うイメージもあります。桜は、3月の終わりから4月の始めに咲きます。その時期はちょうど、卒業式や入学式の時期。3月に学期が終わり、4月から新学期が始まる日本では、終わりと始まりがいつも桜とともに訪れてきます。桜は、別れと新しい始まりを象徴する花でもあるのですね。

自己評価してみよう

★ 受験に関する文化について聞いて理解し、話すことができる。

聞くこと
□ よくできた　　□ だいたいできた　　□ あまりできなかった　　□ 全然できなかった

話すこと
□ よくできた　　□ だいたいできた　　□ あまりできなかった　　□ 全然できなかった

★ 学校紹介のスピーチを聞いて、学校の特徴を理解し、自分の学校の特徴について話すことができる。

聞くこと
□ よくできた　　□ だいたいできた　　□ あまりできなかった　　□ 全然できなかった

話すこと
□ よくできた　　□ だいたいできた　　□ あまりできなかった　　□ 全然できなかった

03 私の生活

学習目標

★ 理想のライフスタイルについて聞いて理解し、そこから学んだことを話し合うことができる。

★ 日常生活で起きたハプニングや失敗談について聞いて理解し、話すことができる。

ウォーミングアップ

1 CDを聞いて、次の①〜④の絵に合う日本語の表現を@〜@の中から選んでください。　**Track 14**

> @ 運転する　　　　　ⓑ 出産する
> ⓒ 結婚する　　　　　ⓓ 働く

① (　　　)　　②(　　　)　　③(　　　)　　④(　　　)

2 次の①〜④の文に続く会話文をA〜Dの中からそれぞれ一つずつ選んでください。

① 独身のまま、好きなことをしていたいなぁ。（　　　）

② 理想のライフスタイルは？（　　　）

③ あ〜、やってしまった！（　　　）

④ 車の運転、始めたんですか。（　　　）

A　え？何か失敗したの？

B　結婚して、子どもを育てながら働くことです。

C　はい、仕事に必要なんです。

D　それが一番楽かもしれないね。

Track 15　CDを聞いて答えを確認してください。

●● CDを聞いて、次の質問に答えてください。　Track 16

1　番組が行ったインタビュー調査の1位の結果として、正しいものを一つ選んでチェックしてください。

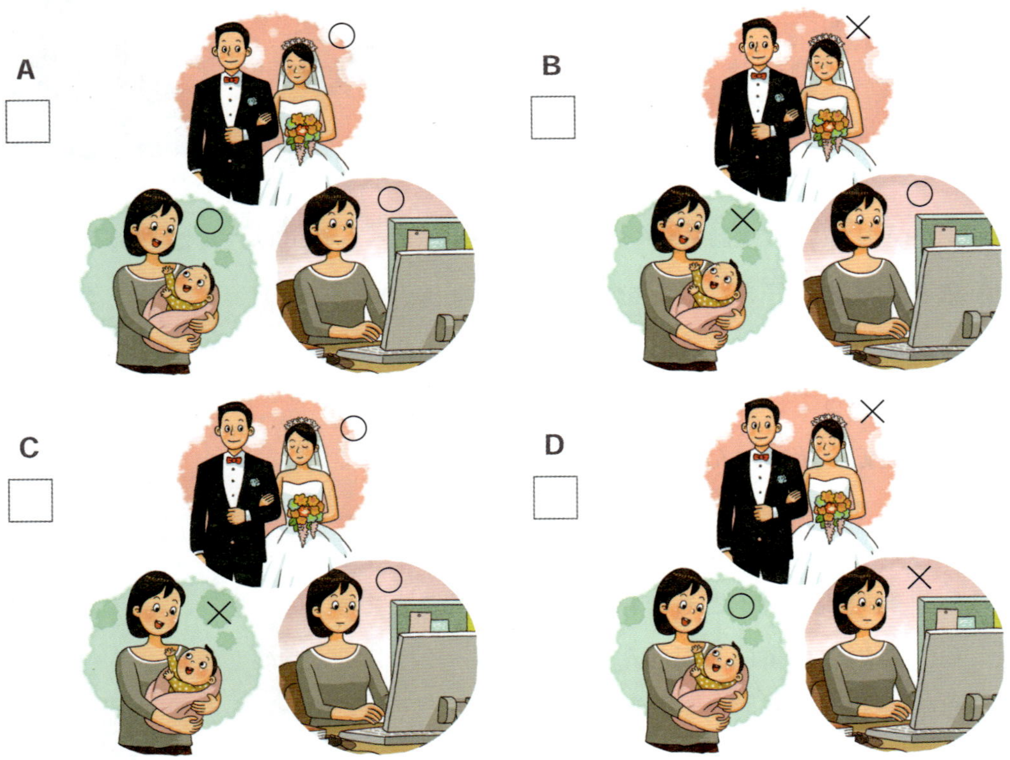

2 番組が行ったインタビュー調査の2位の結果として、正しいものを一つ選んでチェックして
ください。

3 ユキさんはライフスタイルについて、どんな理想を持っていますか。正しいものを一つ選んで
チェックしてください。

① □ 結婚しないで、仕事をバリバリしていたい。
② □ 結婚しないで、子どもを産んで育てたい。
③ □ 結婚して子どを持っても、仕事を続けていたい。
④ □ 結婚して専業主婦をして、子育てをしていたい。

話してみよう 1

●● 10年後の自分を想像して、理想のライフスタイルについて話してみましょう。

> 10年後、私は（　　　　　　　　　　　　　　　　　　）ていたい。
>
> 　　例　結婚して、子どもも持って、仕事もバリバリし

CDを聞く前に

●● あなたは車が生活に必要だと思いますか。
次のうち、当てはまるものにチェックして、その理由について簡単に話してください。

□ 絶対必要だ　　　　　　　　　□ 時々必要だ

□ あまり必要ではない　　　　　□ 全然必要ではない

理由：

CDを聞いた後に　Track 17

1　くまこさんがした失敗に、もっとも関係のある絵を一つ選んでチェックしてください。

A □ 

B □ 

C □ 

D □ 

2 くまこさんが失敗をした原因として正しいものを、二つ選んでチェックしてください。

3 くまこさんがこれからしなければならないこととして、正しいものを一つ選んでチェックして
ください。

① ☐ 今の仕事をやめる。

② ☐ 今住んでいる場所を引っ越す。

③ ☐ 新しい車を買う。

④ ☐ 車の運転の試験を受ける。

あなたの忘れられない失敗談について話してみましょう。

- いつ、どんな失敗をしましたか。
- その後、どうしましたか。

シャドーイングしてみよう

どれくらいシャドーイングできますか。CDを聞きながらシャドーイングをして、自己評価をしてみましょう。　Track 18

1回目

□ よくできた　　□ だいたいできた　　□ あまりできなかった　　□ 全然できなかった

2回目

□ よくできた　　□ だいたいできた　　□ あまりできなかった　　□ 全然できなかった

3回目

□ よくできた　　□ だいたいできた　　□ あまりできなかった　　□ 全然できなかった

⟶ 라이프 스타일과 관련된 단어와 표현

ライフスタイル 라이프스타일

結婚 결혼

出産 출산

子育て 육아

仕事 일

専業主婦 전업주부

バリバリと（働く） 열심히 (일하다)

充実した〜 충실한〜

独身のまま 독신인채로

楽 편함

理想 이상

望む 바라다

（子育てし / 働き）ながら〜 (육아를 / 일을) 하면서 ~

趣味に（時間 / お金）をかける 취미에 (시간 / 돈)을 들이다

⟶ 해프닝이나 실패담과 관련된 단어와 표현

失敗談 실패담

体験談 경험담, 체험담

免許 면허

取り消し 취소

免許が切れる 면허의 기한이 지나다

気付かない 알아채지 못 하다

痛い 아프다

ショック 쇼크, 충격

やってしまう 해 버리다

免許センター 면허센터

失敗を学問する？ 🎧 Track 19

　日本語には「失敗は成功のもと」という言葉があります。このように創造、進歩に失敗は必ず付いてくるものという考えには多くの人が賛成するでしょう。しかし、「失敗学」という学問を聞いたことのある人は、あまり多くないかもしれません。失敗を学問するというのは、どういうことなのでしょうか。失敗学という言葉を作ったのは、東京大学名誉教授の畑村洋太郎氏です。2000年に『失敗学のすすめ』という本を発行し、ベストセラーになりました。畑村さんは、失敗学とは起きてしまった失敗を生かすための、ポジティブな学問だとおっしゃっています。日本人は失敗を恥と、マイナスに考える傾向が強く、それが失敗を隠し、次の成功に生かすことができない傾向があるとも言われています。失敗学が広がることで、どんな時も失敗を避けたり、恥だと考えたりする文化が変わっていくことが期待されます。日常生活に起こる小さな失敗も、ポジティブに考える、そんな考え方を身につけたいですね。

自己評価してみよう

★ 理想のライフスタイルについて聞いて理解し、そこから学んだことを話し合うことができる。

聞くこと
□よくできた　　　□だいたいできた　　　□あまりできなかった　　　□全然できなかった

話すこと
□よくできた　　　□だいたいできた　　　□あまりできなかった　　　□全然できなかった

★ 日常生活で起きたハプニングや失敗談について聞いて理解し、話すことができる。

聞くこと
□よくできた　　　□だいたいできた　　　□あまりできなかった　　　□全然できなかった

話すこと
□よくできた　　　□だいたいできた　　　□あまりできなかった　　　□全然できなかった

04 食と文化

★ 食生活についての会話を聞いて理解し、自分の考えを話すことが
できる。

★ 料理の作り方を聞いて、順序や方法が理解できる。また、自分の得
意料理の作り方を簡単に説明することができる。

ウォーミングアップ

1 CDを聞いて、次の①〜④の絵に合う日本語の表現を@〜@の中から選んでください。　 Track 20

> @ インスタント食品　　　　@ 天ぷら
> @ 和食　　　　　　　　　　@ フライパン

① （　　　）　　　② （　　　）　　　③ （　　　）　　　④ （　　　）

2 次の①〜④の文に続く会話文をA〜Dの中からそれぞれ一つずつ選んでください。

① 最近の若者は、食生活にどのような問題があるのでしょうか。　（　　　）

② 天ぷらがなかなか上手にできないんですよ。　（　　　）

③ 若者は和食を食べていない傾向にあるのでしょうか。　（　　　）

④ 油はどれ位入れればいいですか。　（　　　）

> **A**　さくっと揚げるのは、なかなか難しいですよね。
>
> **B**　最近、味が分からない若者が増えているんですよ。
>
> **C**　そうですね。フライパンに1センチ位入れてください。
>
> **D**　そうですね。そういう傾向にあると言えると思います。

Track 21　CDを聞いて答えを確認してください。

●● CDを聞いて、次の質問に答えてください。　Track 22

1　味覚障害とはどのような病気ですか。　正しいものを一つ選んでチェックしてください。

① □ 味が分からなくなる。

② □ 味にうるさくなる。

③ □ 味にこだわらなくなる。

④ □ 味が正確に分かってしまう。

2 若者の食生活の問題点は次のうち、どれでしょうか。正しいものを一つ選んでチェックして
ください。

① □ インスタント食品ばかり食べている。

② □ ダイエットをしているから、ご飯を食べない。

③ □ 和食を食べないで、洋食中心の食事をしている。

④ □ 自分で料理を作ることができないので、外食ばかりしている。

3 街で若者を対象としてインタビューをする時、一番多そうな回答は次のうちどれでしょう
か。正しいものを一つ選んでチェックしてください。

話してみよう 1

●● あなたの食生活について、話してみましょう。

- あなたは、食生活に気を付けていますか。もしそうであれば、特に
  どのような点に気を付けていますか。
- あなたは韓国料理と洋食と、どちらがが好きですか。
- 韓国料理は一週間にどれくらい食べていますか。
- 韓国の若者の食生活について、どう思いますか。

CDを聞く前に

1 みなさんは、料理を作ることが好きですか。好きな人はどんな料理をよく作りますか。

2 作るのが苦手な料理はありますか。特にどんなところが難しいですか。

CDを聞いた後に　🔊 Track 23

1 かき揚げは、どのような点が難しいですか。当てはまるものをすべてチェックしてください。

① □ 全体を混ぜること

② □ シンプルに作ること

③ □ 中まで火を通すこと

④ □ さくっと揚げること

2 かき揚げの材料は、次のうちどれでしょう。正しいものを一つ選んでチェックしてください。

A　　　　　　B　　　　　　C　　　　　　D

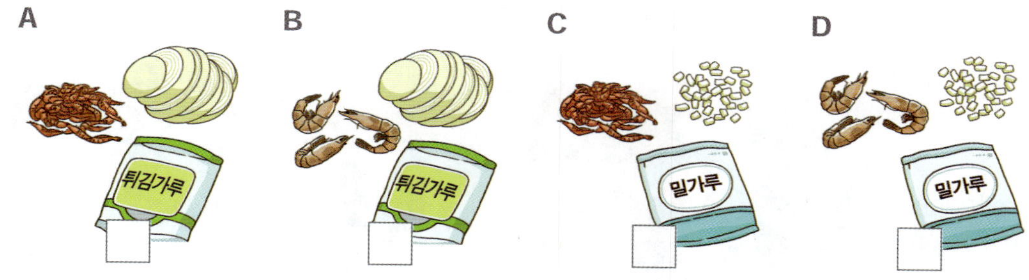

3 作り方の順序として、正しいものを一つ選んでチェックしてください。

A

B

C

D

あなたの得意料理の作り方を友達に説明してみましょう。

シャドーイングしてみよう

どれくらいシャドーイングできますか。CDを聞きながらシャドーイングをして、自己評価をしてみましょう。 🎧 Track 24

1回目

□ よくできた　　□ だいたいできた　　□ あまりできなかった　　□ 全然できなかった

2回目

□ よくできた　　□ だいたいできた　　□ あまりできなかった　　□ 全然できなかった

3回目

□ よくできた　　□ だいたいできた　　□ あまりできなかった　　□ 全然できなかった

🔖 식생활과 관련된 단어 및 표현

味 맛

偏った 치우친

食事代わり 식사 대신

若者 젊은이

こだわる 집착하다

ダイエット 다이어트

中心 중심

味覚障害 미각장애

インスタント食品 인스턴트 식품

和食 일식

食生活 식생활

正確に 정확히

洋食 양식

外食 외식

🔖 요리법에 관련된 단어 및 표현

かき揚げ 채소와 새우 등을 밀가루에 버무려 튀긴 것

火が通る 속까지 익다

玉ねぎ 양파

小麦粉 밀가루

大さじ 큰 숟가락, ~큰술

フライパン 프라이팬

火にかける 불에 올리다

きつね色 엷은 갈색

苦手 잘 못함, 좋아하지 않음

得意料理 잘하는 요리, 자신있는 요리

さくっと 바삭

揚げる 튀기다

桜えび 건조시킨 작은 새우

ボール 볼

混ぜる 섞다

油 기름

たね 재료

全体 전체

シンプル 심플, 단순함

日本のB級グルメを楽しもう！ Track 25

　みなさんは、「B級グルメ」という言葉を聞いたことがありますか。安くて、気軽に食べられる食べもののことです。例えば、ラーメンややきそば、コロッケや餃子などが、B級グルメです。全国各地に、いろいろなB級グルメがあります。2006年から、B級グルメの日本一を決める「B-1グランプリ」も開かれています。「B-1グランプリ」には、毎年、全国からたくさんのB級グルメが集まります。2013年には、福島県の「なみえやきそば」がグランプリとなりました。旅行の楽しみ方はいろいろあると思いますが、たまには、安くておいしいB級グルメを楽しむ旅をしてみてもいいかもしれませんね。

自己評価してみよう

★ 食生活についての会話を聞いて理解し、自分の考えを話すことができる。

聞くこと
□よくできた　　□だいたいできた　　□あまりできなかった　　□全然できなかった

話すこと
□よくできた　　□だいたいできた　　□あまりできなかった　　□全然できなかった

★ 料理の作り方を聞いて、順序や方法が理解できる。また、自分の得意料理の作り方を簡単に説明することができる。

聞くこと
□よくできた　　□だいたいできた　　□あまりできなかった　　□全然できなかった

話すこと
□よくできた　　□だいたいできた　　□あまりできなかった　　□全然できなかった

05 ファッション文化

★ 結婚式の服装のマナーについて聞いて理解し、話すことができる。

★ 着物文化についてのニュースを聞いて理解し、韓服の現在について 話すことができる。

ウォーミングアップ

1 CDを聞いて、次の①〜④の絵に合う日本語の表現を@〜@の中から選んでください。 Track 26

> @ スーツ
> ⓑ ワンピース
> ⓒ ショール
> ⓓ ノースリーブ

① (　　　)　　② (　　　)　　③ (　　　)　　④ (　　　)

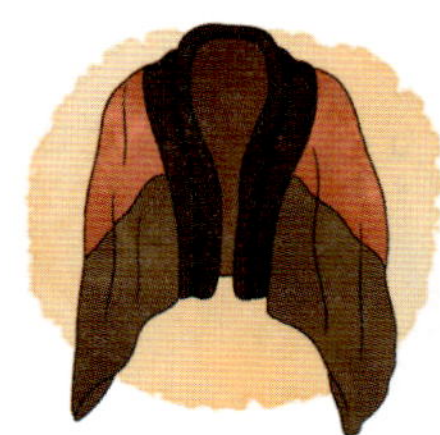　　　

2 次の①〜④の文に続く会話文をA〜Dの中からそれぞれ一つずつ選んでください。

① 結婚披露宴に着て行く服は、決めましたか。（　　　）

② そのネクタイ、似合っていますね。（　　　）

③ この着物、実は母の着物のリサイクルなんだ。（　　　）

④ 民族衣装は、どんな時に着ていますか。（　　　）

> **A** えー、そうは見えないね。新品かと思った。
>
> **B** 結婚式やお葬式などの行事がある時に着ています。
>
> **C** 黒いノースリーブのワンピースにショールをはおるつもりです。
>
> **D** どうも。この模様と色が気に入って買ったんです。

Track 27　CDを聞いて答えを確認してください。

CDを聞いて、次の質問に答えてください。　Track 28

1　男の人が出席するのは、どんな場所ですか。正しいものを一つ選んでチェックしてください。

A

B

C

D

2 男の人の服装で、ふさわしくないものを一つ選んでチェックしてください。

A　　　　　　　B　　　　　　　C　　　　　　　D

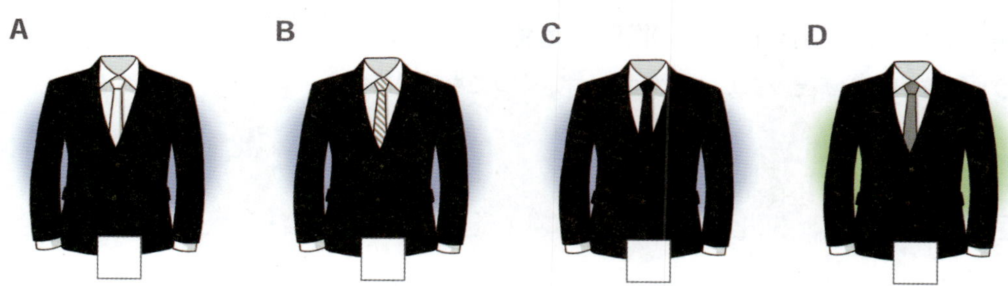

3 男の人の妻の説明として、正しいものを一つ選んでチェックしてください。

① □ 韓国の民族衣装を着て行こうと思っている。
② □ 白いドレスを着て行こうと思っている。
③ □ レンタルショップをいつも利用している。
④ □ 日本の披露宴に出席するのは初めてだ。

話してみよう 1

●● 韓国の結婚式に初めて出席する日本人の友人から、服装のマナーについてアドバイスを頼まれました。あなたはどのようなことを伝えますか。

CDを聞く前に

●● 着物について、あなたはどんなイメージを持っていますか。次のうち、あなたのイメージに合うものを選んでチェックしてください。いくつでもいいです。

☐ 美しい　　　　☐ 歴史がある　　☐ 高級だ　　　☐ 上品だ

☐ かわいい　　　☐ 着るのが難しい　☐ 動きにくい　☐ 高い

☐ その他

　（どんなイメージ？　　　　　　　　　　　　　　　　　　　）

CDを聞いた後に　　🎧 Track 29

1　ニュースの中で、若者が着物を着る場面として取り上げているものを、すべて選んでチェックしてください。

A ☐

B ☐

C ☐

D ☐

2 ニュースの中で、着物を楽しむ人たちがその理由として話しているものを、すべて選んでチェックしてください。

① □ 母にもらった着物が着たかった。

② □ 祖母にもらった着物が着たかった。

③ □ 日本人として、自分らしくいられる。

④ □ 外国人に楽しんで見てもらえる。

3 ニュースの中に出てくる着物専門店について、正しいものを一つ選んでチェックしてください。

① □ お客の50％は若者だ。

② □ 売られている着物はすべて新品だ。

③ □ 1万円以下で買える着物が多い。

④ □ 値段が高くて気軽に楽しめない。

●● 韓国人にとって、現代の韓服はどのようなものですか。説明してみましょう。

- どんな時に着ますか。
- 値段はどれくらいですか。
- 若い人たちが楽しんで着る機会がありますか。
- 自分はどのようなイメージを持っていますか。
- どのようにしたら、若者がもっと韓服に親しめるようになると思いますか。

シャドーイングしてみよう

●● どれくらいシャドーイングできますか。CDを聞きながらシャドーイングをして、自己評価をしてみましょう。 🎧Track 30

1回目

□ よくできた　　□ だいたいできた　　□ あまりできなかった　　□ 全然できなかった

2回目

□ よくできた　　□ だいたいできた　　□ あまりできなかった　　□ 全然できなかった

3回目

□ よくできた　　□ だいたいできた　　□ あまりできなかった　　□ 全然できなかった

🔖 복장과 관련된 단어 및 표현

似合う 어울리다

気に入る 마음에 들다

ドレス 드레스

服装 복장

レンタルする 대여하다

華やか 화려함

スーツを着る 정장을 입다

ワンピースを着る 원피스를 입다

ネクタイを締める / する 넥타이를 매다 / 하다

模様 모양, 무늬

民族衣装 민족의상

ファッション 패션

シルバー 은색, 실버

レンタルショップ 대여점

目立ちすぎない 눈에 띄지 않다

ノースリーブを着る 민소매를 입다

ショールをはおる 숄을 걸치다

肌を出す 피부를 드러내다

🔖 기모노에 관련된 단어 및 표현

リサイクルする 재활용하다

着物専門店 기모노 전문점

伝統 전통

気軽に 가볍게

リメイクする 개작하다, 다시 만들다

新品 새 것

高級品 고급품

(着物を)楽しむ (기모노를) 즐기다

リサイクル？リメイク？ Track 31

　「着物をリサイクルする」と「着物をリメイクする」では、何が同じで何が違うでしょうか。そう、着物を再活用する、という点では同じです。しかし、「着物をリサイクルする」は、以前着られていた着物をきれいな状態にして、もう一度そのデザインのまま着るという意味ですが、「着物をリメイクする」は、同じデザインの着物ではなくなって再活用されているという意味です。もともとあった着物を、現代風の洋服やバッグやマフラー、傘などに「作りなおす」というニュアンスになります。着物は絹で作られ、素材がしっかりとした美しいものが多いので、簡単におしゃれな作品に生まれ変わることができるのです。裁縫が趣味である人の中には、祖母や母から譲られた着物でスーツやワンピースなどを作って自分で着て楽しんだり、ネットなどで販売したりしている人も多くいます。思い出の着物を大切にし、現代の生活に生かす方法として人気のある方法なのです。

自己評価してみよう

★ 結婚式の服装のマナーについて聞いて理解し、話すことができる。

聞くこと
□よくできた　　□だいたいできた　　□あまりできなかった　　□全然できなかった

話すこと
□よくできた　　□だいたいできた　　□あまりできなかった　　□全然できなかった

★ 着物文化についてのニュースを聞いて理解し、韓服の現在について話すことができる。

聞くこと
□よくできた　　□だいたいできた　　□あまりできなかった　　□全然できなかった

話すこと
□よくできた　　□だいたいできた　　□あまりできなかった　　□全然できなかった

# 06 住まいと文化

ウォーミングアップ

1 CDを聞いて、次の①〜④の絵に合う日本語の表現を@〜@の中から選んでください。  Track 32

> @ フローリング   ⓑ キッチン
> ⓒ ユニットバス   ⓓ ベランダ

①（　　　）   ②（　　　）   ③（　　　）   ④（　　　）

2 次の①〜④の文に続く会話文をA〜Dの中からそれぞれ一つずつ選んでください。

① アパートを借りる時、どんなポイントで選べばいいでしょうか。（　　　）

② 靴を履いたまま、部屋に入ってもいいですか。（　　　）

③ 和室がお好きということですが、おすすめのポイントは。（　　　）

④ 寮で生活をする時、どんな点に気を付けたらいいですか。（　　　）

> **A** 申し訳ありません。各部屋の中は土足厳禁です。
>
> **B** まずは、他人の迷惑にならないように気を付けた方がいいですよ。
>
> **C** まずは、やっぱり南向きのお部屋をおすすめします。
>
> **D** 畳の上にごろんと横になれることですね。

Track 33 CDを聞いて答えを確認してください。

●● CDを聞いて、次の質問に答えてください。　Track 34

1　やどかりさんは、どんな内容について相談をしましたか。　正しいものを一つ選んでチェックしてください。

① □ 物件を選ぶポイントが知りたい。

② □ アパートを買う時のポイントが知りたい。

③ □ 一人暮らしをする時の注意点が知りたい。

④ □ 一人暮らしで寂しいので、楽しく過ごすためのポイントが知りたい。

2 男の人はどうして洋室が好きですか。その理由として正しいものを、一つ選んでチェックして
　ください。

　　① □ 掃除がしやすいから。
　　② □ 日当たりがいいから。
　　③ □ お風呂とトイレが別だから。
　　④ □ ごろんと横になると気持ちがいいから。

3 女の人は今どんな家に住んでいますか。当てはまるものをすべてチェックしてください。

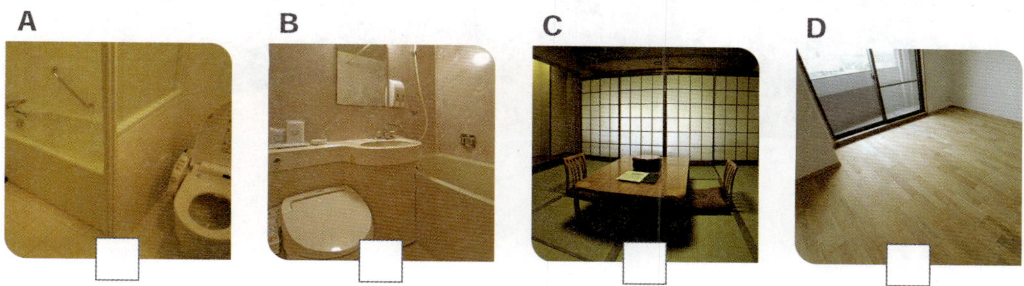

話してみよう 1

●● 住居文化について、あなたの考えを話してみましょう。

> ・あなたは部屋を選ぶ時、どのような点にこだわりますか。
> ・日本と韓国の住居の似ている点と、違う点について話しましょう。

●● 寮^{りょう}など、他人^{たにん}と共同生活^{きょうどうせいかつ}をする場^ばでは、どのようなことに気^きを付^つけた方^{ほう}がいいと思^{おも}いますか。

CDを聞いた後に　　Track 35

1　どのような人^{ひと}が説明^{せつめい}していますか。正^{ただ}しいものを一^{ひと}つ選^{えら}んでチェックしてください。

① □ 寮^{りょう}の先輩^{せんぱい}

② □ 寮^{りょう}の管理人^{かんりにん}

③ □ 寮^{りょう}に住^すんでいる国分寺^{こくぶんじ}さん

④ □ 寮^{りょう}の中^{なか}で一番^{いちばん}かわいい人^{ひと}

2 この寮の説明として正しいものを一つ選んでチェックしてください。

① □ ベランダ以外で煙草を吸ってはいけない。

② □ 夜は12時までに帰って来なければならない。

③ □ 靴は玄関で必ず脱ぐ。

④ □ パーティーはキッチンでしなければならない。

3 パーティーをする時、どのようなことに気を付けなければなりませんか。正しいものをすべて選んでチェックしてください。

① □ うるさいから、ドアを閉めなければならない。

② □ お酒を飲んではいけない。

③ □ 窓を開けておかなければならない。

④ □ みんなで片付けをしなければならない。

●● 共同生活について話してみましょう。

> ・あなたは、共同生活をしたことがありますか。
>
> ・そこでは、どんなルールがありましたか。

シャドーイングしてみよう

●● どれくらいシャドーイングできますか。CDを聞きながらシャドーイングをして、自己評価をしてみましょう。 (Track 36)

1回目

□ よくできた　　□ だいたいできた　　□ あまりできなかった　　□ 全然できなかった

2回目

□ よくできた　　□ だいたいできた　　□ あまりできなかった　　□ 全然できなかった

3回目

□ よくできた　　□ だいたいできた　　□ あまりできなかった　　□ 全然できなかった

🔖 **주거와 관련된 단어 및 표현**

一人暮らし 독신생활, 혼자 삶

ポイント 포인트

南向き 남향

洋室 서양식 방

和室 일본식 방

こたつ 고타츠

ほこり 먼지

アパート 아파트, 공동주택(우리의 연립주택과 비슷)

物件 물건 (주로 토지나 건물 등의 부동산을 일컬음)

日当たりがいい 햇볕이 잘 든다

ユニットバス 욕실과 화장실이 하나로 된 형태

畳 다다미

横になる 눕다

フローリング 마루 바닥

🔖 **공동생활의 규칙과 관련된 단어 및 표현**

管理人 관리인

キッチン 부엌

土足厳禁 신발을 신은채 들어가지 말 것

禁煙 금연

喫煙所 흡연실

共同 공동

気をつける 조심하다

片付け 정리, 정돈

守る 지키다

シャワー室 샤워실

靴を脱ぐ 신발을 벗다

ベランダ 베란다

煙草を吸う 담배를 피우다

迷惑をかける 폐를 끼치다

ルール 룰, 규칙

一戸建て？それともマンション？ 🔵 Track 37

　みなさんは、どんな家に住みたいですか。一戸建てですか。それともマンション？日本でも、一戸建てにするか、マンションにするかは、ライフスタイルによって好みが分かれますが、全体的に一戸建てを好む傾向が強いようです。一戸建ては、たいてい庭が付いていて、自分の好きな庭を作ることができます。それから、家の中も自分たちの好みに合わせて変えることも可能です。日本に行くと、一戸建ての家がずらっと並んでいる街の風景を、あちこちで見ることができます。また、雪が多いところか、そうでないかなど、その土地の気候に合わせて、家の形もさまざまです。家の形に気を付けて、日本を見てみても面白いかもしれませんね。

自己評価してみよう

★ 住居に関する話を聞いて、日本の家の特徴を理解し、韓国との違いを話すことができる。

聞くこと
□ よくできた　　□ だいたいできた　　□ あまりできなかった　　□ 全然できなかった

話すこと
□ よくできた　　□ だいたいできた　　□ あまりできなかった　　□ 全然できなかった

★ 共同生活をする時の規則について聞いて理解し、簡単に説明することができる。

聞くこと
□ よくできた　　□ だいたいできた　　□ あまりできなかった　　□ 全然できなかった

話すこと
□ よくできた　　□ だいたいできた　　□ あまりできなかった　　□ 全然できなかった

07 体と健康

ウォーミングアップ

1 CDを聞いて、次の①～④の絵に合う日本語の表現を③～④の中から選んでください。　🔘 Track 38

ⓐ うがいをする	ⓑ 薬を飲む
ⓒ 目薬をさす	ⓓ 薬を塗る

① (　　　)　　　② (　　　)　　　③ (　　　)　　　④ (　　　)

　　　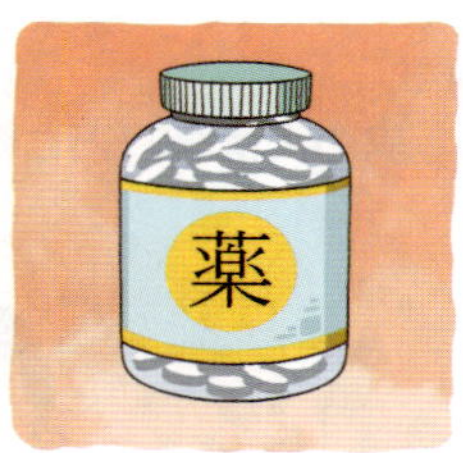

2 次の①～④の文に続く会話文をA～Dの中からそれぞれ一つずつ選んでください。

① あ、これおいしいですね。薬じゃないみたいです。　(　　　)

② うわ、何のにおい？なんか、ねぎみたいなにおいがするんだけど。　(　　　)

③ 木村さん、目が真っ赤ですね。花粉症ですか。　(　　　)

④ 漢方薬を飲むか、普通の薬を飲むか、悩んでいます。　(　　　)

A　ごめんごめん。家で、首にねぎを巻いてたんだ。風邪薬としてね。

B　ええ、そうなんです。目がかゆくて……、春は本当に憂鬱な季節です。

C　体質をよく変えたいなら、予防医学の考え方から漢方の方がおすすめですよ。

D　大根をおろしたものに、蜂蜜を入れたんです。のどにいいんですよ。

🔘 Track 39　CDを聞いて答えを確認してください。

CDを聞いて、次の質問に答えてください。 Track 40

1 　男の人は今、どこが痛いですか。正しいものを一つ選んでチェックしてください。

A 

B 

C 

D 

2　男の人が今、飲んでいるものは、どんなものですか。正しいものを一つ選んでチェックして
　　ください。

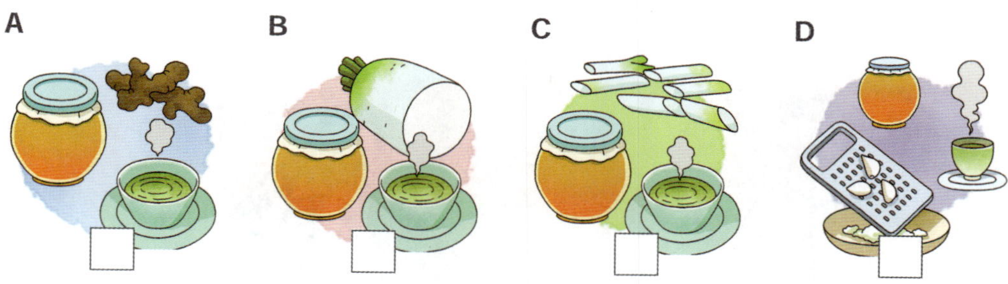

A　　　　　　　　　B　　　　　　　　　C　　　　　　　　　D

3　男の人と女の人が話している治療方法を、すべてチェックしてください。

A　　　　　　　　　B　　　　　　　　　C　　　　　　　　　D

話してみよう 1

●●　風邪を引いた時の民間療法について、あなたが知っているものを紹介してください。

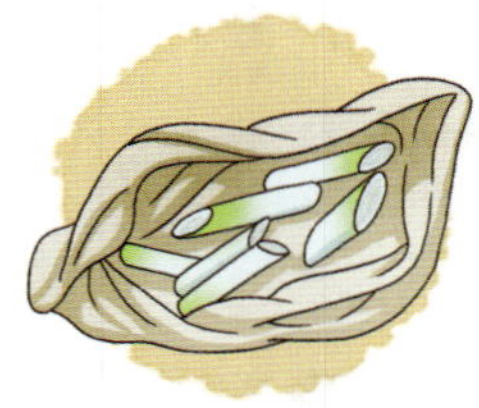

花粉症を知っていますか。どんな症状が多いか、ふさわしいと思うものをすべてチェックして
ください。

 Track 41

1 花粉症の症状として、あげられていたものをすべてチェックしてください。

2 男の人が花粉症を治すためにとっている方法として、あげられているものをすべてチェックしてください。

3 男の人が話している内容と合っているものをすべてチェックください。

① □ 花粉症の人はマスクやメガネを外した方がいい。

② □ 花粉症には「小青竜湯」という漢方薬がいい。

③ □ 特に花粉が多い日は、外に出ないようにした方がいい。

④ □ 花粉症には漢方医学の知識を使って対応することが大切だ。

●● あなたは漢方を生活に取り入れたことがありますか。漢方についてどのようなイメージを持っていますか。その理由も話してみましょう。

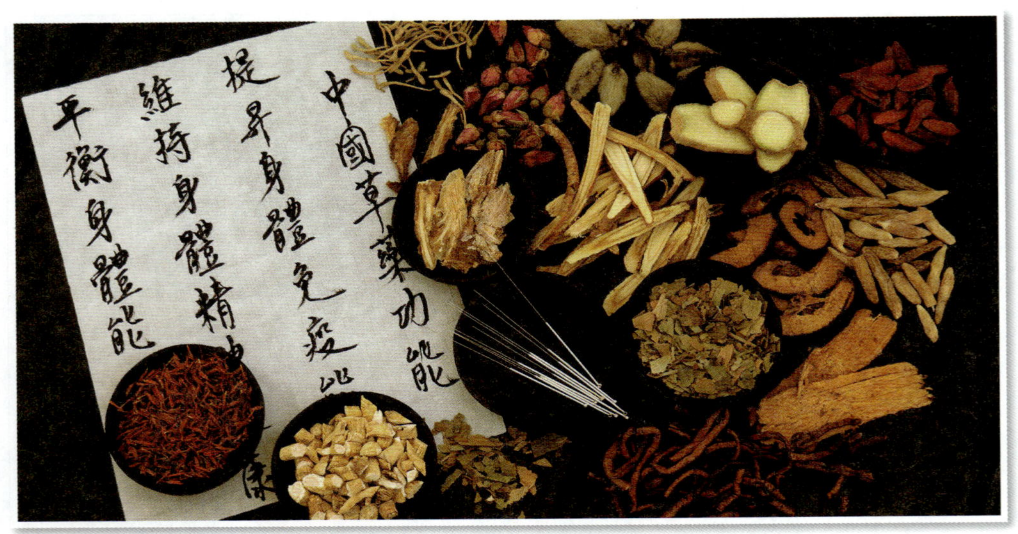

シャドーイングしてみよう

●● どれくらいシャドーイングできますか。CDを聞きながらシャドーイングをして、自己評価をしてみましょう。　Track 42

1回目

□ よくできた　　□ だいたいできた　　□ あまりできなかった　　□ 全然できなかった

2回目

□ よくできた　　□ だいたいできた　　□ あまりできなかった　　□ 全然できなかった

3回目

□ よくできた　　□ だいたいできた　　□ あまりできなかった　　□ 全然できなかった

◯ 감기 민간요법과 관련된 단어 및 표현

民間療法 민간요법

ねぎをあぶる 파를 굽다

スプレーを塗る 스프레이를 뿌리다

〜が治る 〜가 낫다

〜を予防する 〜을 예방하다

大根をおろす 무를 갈다

首 / のどに巻く 목에 두르다

うがいをする 양치질을 하다

〜を治す 〜을 치료하다

(ビタミンC)が豊富だ (비타민C)가 풍부하다

◯ 한방・화분증과 관련된 단어 및 표현

漢方医学 한방의학

鼻水が出る 콧물이 나오다

頭が痛い 머리가 아프다

メガネをする 안경을 쓰다

目薬をする/さす 안약을 넣다

睡眠をとる 수면을 취하다

〜に悩まされる 〜으로 고통을 받다 / 〜으로 고생하다

漢方薬を飲む 한약을 먹다

目がかゆい 눈이 가렵다

憂鬱な 우울한

マスクをする 마스크를 하다

症状に悩む 증상을 앓다

体を休める 몸을 쉬게 하다

花粉症対策グッズ Track 43

「花粉症」には日本人の3～4人に一人がかかっていると言われ、いわば「国民病」と言っても言いすぎではないほどです。日本の森林面積の18％、国土の12％をスギ林が占めており、このスギ花粉が花粉症の一番の原因となっています。鼻水、鼻づまり、くしゃみ、目のかゆみなど、いやな症状に悩まされ、仕事をするのも勉強するのも、集中できないという悩みを持っている人々が多くいます。そのため、花粉症対策として、さまざまな新商品が作られて売られています。人気があるのは、甜茶ドリンクやサプリメント、アロマオイル、首にかけるタイプのマスク、鼻の入口に塗るクリーム、花粉症めがねなどです。また、花粉をとる空気清浄器も性能がいいものが毎年発売されており、これも人気があるようです。これらは花粉症に限らず、空気中のウィルス、汚れから身を守るためにも役に立ちますね。

自己評価してみよう

★ 風邪を引いた時の民間療法について聞いて理解し、話すことができる。

聞くこと
□よくできた　　□だいたいできた　　□あまりできなかった　　□全然できなかった

話すこと
□よくできた　　□だいたいできた　　□あまりできなかった　　□全然できなかった

★ 花粉症と漢方についてのラジオを聞いて理解し、話すことができる。

聞くこと
□よくできた　　□だいたいできた　　□あまりできなかった　　□全然できなかった

話すこと
□よくできた　　□だいたいできた　　□あまりできなかった　　□全然できなかった

08 趣味と遊び

ウォーミングアップ

1 CDを聞いて、次の①〜④の絵に合う日本語の表現を@〜@の中から選んでください。　🔊 Track 44

@ 歌舞伎　　　　　　　　ⓑ かるた
ⓒ 茶道　　　　　　　　　ⓓ 幕の内弁当

① (　　　)　　　② (　　　)　　　③ (　　　)　　　④ (　　　)

2 次の①〜④の文に続く会話文をA〜Dの中からそれぞれ一つずつ選んでください。

① 歌舞伎の魅力って何ですか。（　　　）

② そのお着物、自分で着たんですか。（　　　）

③ 間違えて他の札をとってしまったんですが。（　　　）

④ 茶道は、ただの趣味を超えて、人生の修行をしている感じがします。（　　　）

A　ええ。DVDを見て何回か練習しているうちに、着られるようになりました。

B　舞台の美しさももちろんですが、役者の演技がとても素晴らしいんですよ。

C　それは「お手つき」という反則となります。

D　奥が深いですね。

🔊 Track 45　CDを聞いて答えを確認してください。

●● CDを聞いて、次の質問に答えてください。　Track 46

1　浅野さんの趣味は何ですか。　当てはまるものをすべてチェックしてください。

① □ 着物を買うこと

② □ 茶道を習うこと

③ □ 歌舞伎を見に行くこと

④ □ おいしい食べものを作ること

2　浅野さんは、歌舞伎にどんな魅力があると言っていますか。

① □ 役者の演技をテレビでも見ることができる 。
② □ 女性らしい女性が出てくるので、とても参考になる。
③ □ 古典芸能なので、昔のことを知ることができて、勉強になる。
④ □ 舞台の合間においしいお弁当を食べることも、歌舞伎の楽しみの一つである。

3　浅野さんにとって、茶道のお稽古はどういう時間ですか。

① □ 季節を楽しむ時間
② □ とても忙しい時間
③ □ 自分のことを見つめる時間
④ □ おいしい食べものが食べられる時間

話してみよう 1

●● あなたの趣味について話してみましょう。

・あなたの趣味は何ですか。

・その趣味を始めたきっかけは何ですか。

・その趣味はどんな魅力がありますか。

CDを聞く前に

●● これは、どんなゲームだと思いますか。またどのように遊べばいいか、考えてみましょう。

CDを聞いた後に Track 47

1 かるたの説明として、正しいものを一つ選んでチェックしてください。

① □ 絵札が22枚、読み札が22枚ある。

② □ 札を多くとった人が勝ち。

③ □ 読み札と絵札が合ったら、カードがとれるゲーム。

④ □ 重ねた札を一枚ずつとっていくゲーム。

2 かるたで勝つためのポイントは何でしょうか。正しいものを一つ選んでチェックしてください。

① □ お気に入りの札だけとる。

② □ 絵札をいろいろな方向に並べる。

③ □ 絵札の位置を正確に覚えておく。

④ □ 間違っていてもいいからとにかく速くとる。

3 お手つきをした場合のルールは、次のうちどれでしょうか。正しいものを一つ選んでチェックしてください。

① □ 一回休む。

② □ 歌を歌う。

③ □ 相手に札を一枚渡す。

④ □ 最後に一人で片付けをする。

●● 子どもの頃によく遊んだ遊びや、好きだったゲームのルールを紹介してください。

シャドーイングしてみよう

●● どれくらいシャドーイングできますか。CDを聞きながらシャドーイングをして、自己評価をしてみましょう。 🔘 Track 48

1回目

☐ よくできた　　☐ だいたいできた　　☐ あまりできなかった　　☐ 全然できなかった

2回目

☐ よくできた　　☐ だいたいできた　　☐ あまりできなかった　　☐ 全然できなかった

3回目

☐ よくできた　　☐ だいたいできた　　☐ あまりできなかった　　☐ 全然できなかった

취미와 관련된 단어 및 표현

彩る 색칠하다	**お着物をお召になる** 기모노를 입다
和 일본, 일본적인 것	**茶道** 다도
お茶を習う 다도를 배우다	**お芝居** 연극
歌舞伎 가부키	**お稽古** 학문·기술 등을 익힘
役者 연기자	**きっかけ** 계기
古典芸能 고전예능	**魅力にはまる** 매력에 빠지다
女形 (가부키에서) 여자역할	**幕の内弁当** 막간도시락
貴重な 귀중한	**修行** 수행
その季節ならではのお菓子 그 계절에만 맛볼 수 있는 과자	

놀이 규칙과 관련된 단어 및 표현

かるた 가루타, 일본 전통 놀이딱지	**お気に入り** 마음에 듦
注意事項 주의사항	**反則** 반칙
問われる 추궁당하다	**集中する** 집중하다
親戚 친척	**昔話** 옛날이야기
和歌 와카, 일본 전통 시가	**競う** 경쟁하다
まさに 정말로, 확실히	**素材** 소재
体験 체험, 경험	

かるたはスポーツ？ Track 49

　みなさんは、かるたをしたことがありますか。かるたは、日本では、ほとんどの人が子どもの頃にした経験がある遊びです。お正月に親戚が集まった時にした事がある人が多いと思います。かるたにはいろいろな種類があります。ことわざのかるたや、日本の昔話のかるた、地域の情報を紹介するかるたもあります。中でも一番有名なのが、「小倉百人一首」です。「小倉百人一首」は和歌のかるたで、日本人なら誰もが一度は目にしたことがあるものです。この、「小倉百人一首」の全国大会が毎年開かれています。そこには、子どもから大人まで多くの人が参加し、日本一を競います。大会でのかるたは、ただの遊びではなく、まさにスポーツです。一枚でも多く札をとるために、多くの人が汗を流して戦います。人気マンガの素材にもなったかるた。みなさんも、ぜひ一度体験してみてください。

自己評価してみよう

★ 趣味についての会話を聞いて内容を理解し、自分の趣味について話すことができる。

聞くこと
□よくできた　　　□だいたいできた　　　□あまりできなかった　　　□全然できなかった

話すこと
□よくできた　　　□だいたいできた　　　□あまりできなかった　　　□全然できなかった

★ 遊び方の説明を聞いてルールを理解し、自分が知っている遊びのルールについて説明することができる。

聞くこと
□よくできた　　　□だいたいできた　　　□あまりできなかった　　　□全然できなかった

話すこと
□よくできた　　　□だいたいできた　　　□あまりできなかった　　　□全然できなかった

09 買いもの

ウォーミングアップ

1 CDを聞いて、次の①〜④の絵に合う日本語の表現を@〜dの中から選んでください。　🔊 Track 50

> @ ギフトカード　　　　　　b 電化製品
> c インテリア雑貨　　　　　d ビジネス用品

① (　　　　)　　　② (　　　　)　　　③ (　　　　)　　　④ (　　　　)

2 次の①〜④の文に続く会話文をA〜Dの中からそれぞれ一つずつ選んでください。

① このテントは、素材がしっかりしていますね。（　　　　）

② 赤ちゃんをお風呂に入れるための、ベビーバスを探しているんですが。（　　　　）

③ このはしご、持ち運びは楽にできますか。（　　　　）

④ 電気代が安いと聞いたので、LEDランプがほしいんですが。（　　　　）

> **A** こちらはいかがですか。使う時だけふくらませて使うことができます。
>
> **B** はい、雨も風もしっかり防ぎますので、キャンプにおすすめですよ。
>
> **C** それなら、こちらの商品がおすすめですよ。小さいですが非常に明るいです。
>
> **D** はい、小さくたためて、付属でこちらのケースも付いております。

🔊 Track 51　CDを聞いて答えを確認してください。

●● CDを聞いて、次の質問に答えてください。　Track 52

1　男の人が今見ているものは、次のうちどれですか。正しいものを一つ選んでチェックして
ください。

2 男の人が選んだ商品は、次のうちどれですか。正しいものを一つ選んでチェックしてください。

A   B   C   D

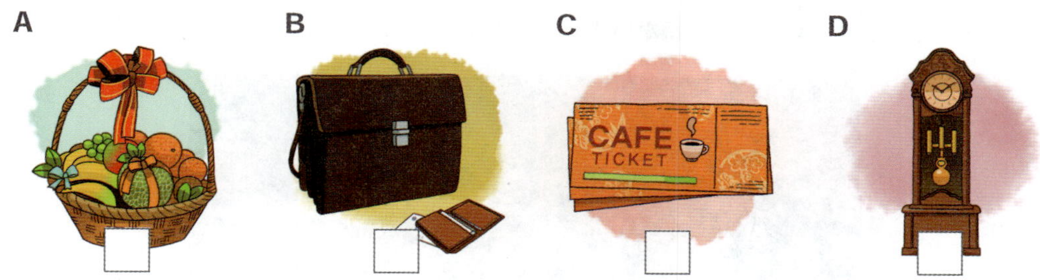

3 男の人が商品を注文する方法として、正しいものを一つ選んでチェックしてください。

A   B   C   D

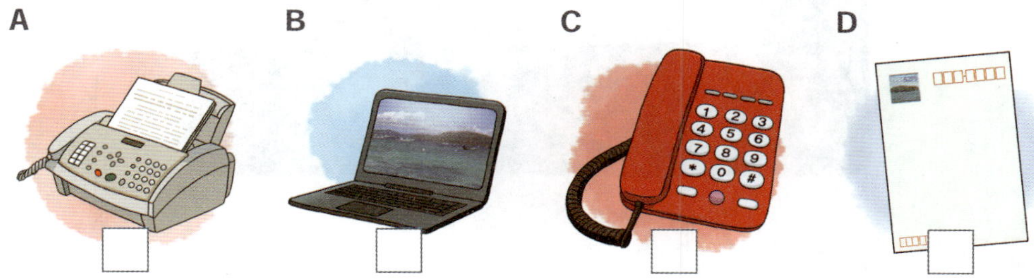

話してみよう 1

ギフトカタログの中から、自分がほしい商品を一つ選んでみましょう。どうしてそれを選んだか、その理由も話してください。

●● ホテルのない場所に車で旅行に出かけました。あなたは夜、どのようにして寝ますか。

1　この商品は次のうち、どれですか。正しいものを一つ選んでチェックしてください。

A

B
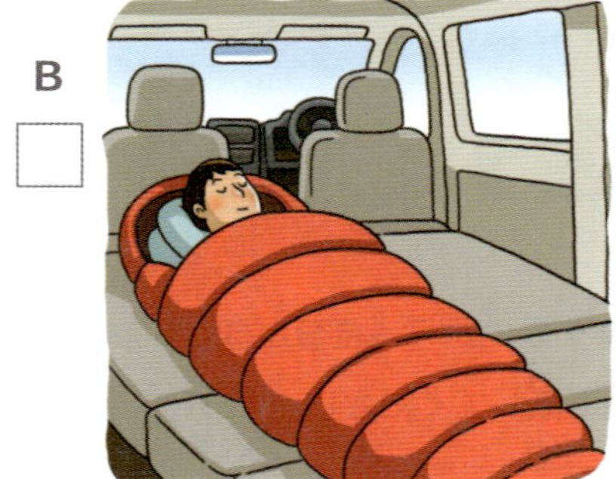

C

D

2 この商品のサイズに入ることができる、最大の人数やその価格を@〜ⓗの中から選んでください。二つ入ることもあります。

	Sサイズ	Mサイズ	Lサイズ
人数	( )	( )	( )
価格	( )円	( )円	( )円

@ 子ども一人　　ⓑ 子ども二人　　ⓒ 大人一人　　ⓓ 大人二人
ⓔ 42万　　ⓕ 38万　　ⓖ 35万　　ⓗ 37万

3 この商品の内容と合っているものをすべてチェックしてください。

① □ 二方向に網戸があり、風を通すことができる。
② □ ランプが付いていて、本が読める。
③ □ 普段はたたんで、使う時にふくらませて使う。
④ □ 素材が強いので、雪の時も暖かく過ごせる。

●● あなたが最近買ったものの中で、気に入っている商品やこれからほしいと思っている商品について、話してください。

> ・それはどんなものですか。（形、使い方など）
>
> ・どうしてそれが気に入っていますか。または、どうしてそれがほしいと思っていますか。

シャドーイングしてみよう

●● どれくらいシャドーイングできますか。CDを聞きながらシャドーイングをして、自己評価をしてみましょう。 ⚫Track 54

1回目

□ よくできた　　□ だいたいできた　　□ あまりできなかった　　□ 全然できなかった

2回目

□ よくできた　　□ だいたいできた　　□ あまりできなかった　　□ 全然できなかった

3回目

□ よくできた　　□ だいたいできた　　□ あまりできなかった　　□ 全然できなかった

○ 상품 주문 방법과 관련된 단어 및 표현

カタログ 카탈로그 　　　　　　　　　**ギフトカタログ** 선물 카탈로그

雑貨 잡화 　　　　　　　　　　　　**インテリア** 인테리어

電化製品 전자제품, 가전제품 　　　　**ビジネス** 비지니스

ギフトカード 기프트카드 　　　　　**チケット** 티켓

有効期限 유효기간 　　　　　　　　**注文する** 주문하다

(はがき / FAX / インターネット)で注文する (엽서 / 팩스 / 인터넷)으로 주문하다

(アドレス)を入力する (주소)를 입력하다

(クレジットカード / 現金)で支払う (신용카드 / 현금)으로 지불하다

○ 상품 선전과 관련된 단어 및 표현

サイズ 사이즈, 크기 　　　　　　　　**価格** 가격

活用する 활용하다 　　　　　　　　　**付属で〜が付いている** 부속으로 ~가 달려 있다

〜ことができます ~할 수 있습니다

(例　どこででも快適に休むことができます。 어디에서든 쾌적하게 쉴 수 있습니다.**)**

〜によって…が変わる ~에 따라 …가 달라지다

(例　広さによって価格が変わります。 넓이에 따라 가격이 달라집니다.**)**

ぜひ(ご/お)〜ください 꼭 ~해 주세요

(例　ぜひご活用ください。 꼭 활용해 주세요.**)**

カード派？現金派？ 🔊 Track 55

　あなたは買いものをする時、クレジットカードで支払う「カード派」ですか。それとも、現金で払う「現金派」ですか。日本経済新聞（2013年12月23日朝刊）によると、調査の結果、日本では現金派が56％で、カード（クレジットカード、電子マネー、デビットカード）派の44％を上回ったそうです。日本は国際的に見てもかなりの「現金大国」で、カード支払いができない店も珍しくはないのです。また、クレジットカードについてはお金を遣いすぎてしまう、借金をしているというマイナスのイメージを持っている日本人が多いようです。しかし、カードで支払うことによって買いものに利用できるポイントがたまったり、買いものの記録が詳しく残って家計簿代わりになったりするなど、カード利用のメリットは多くあります。このようなメリットが今後より認識されていけば、遣いすぎに注意しながら、現金派からカード派にゆるやかに移行していく人々が増えていくかもしれませんね。

自己評価してみよう

★ 商品の注文の仕方について聞いて理解し、話すことができる。

聞くこと
□よくできた　　□だいたいできた　　□あまりできなかった　　□全然できなかった

話すこと
□よくできた　　□だいたいできた　　□あまりできなかった　　□全然できなかった

★ 商品の宣伝（放送）を聞いて理解し、話すことができる。

聞くこと
□よくできた　　□だいたいできた　　□あまりできなかった　　□全然できなかった

話すこと
□よくできた　　□だいたいできた　　□あまりできなかった　　□全然できなかった

10 交通と旅行

学習目標

★ 旅行の途中で発生した交通機関やホテルのトラブルについて聞いて理解し、その情報について話すことができる。

★ 列車やバス・駅・飛行機・空港内でのアナウンスを聞いて情報を理解し、その情報について話すことができる。

ウォーミングアップ

1　CDを聞いて、次の①～④の絵に合う日本語の表現を@～@の中から選んでください。　Track 56

@ 着陸する　　　　　　ⓑ 8両編成
ⓒ 車内販売　　　　　　ⓓ 終電

①（　　　）　　　②（　　　）　　　③（　　　）　　　④（　　　）

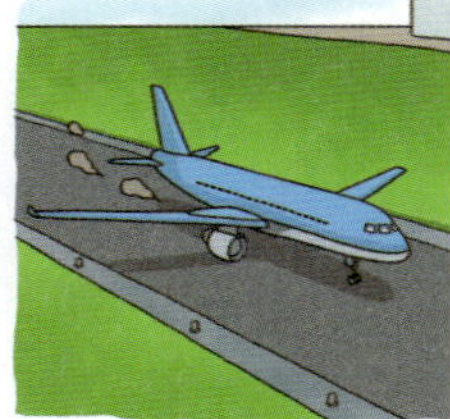

2　次の①～④の文に続く会話文をA～Dの中からそれぞれ一つずつ選んでください。

① あとどれくらいで飛行機を降りられそうですか。（　　　）

② すみません。お手洗いはどこですか。（　　　）

③ ホテルの予約がまだなんです。（　　　）

④ 何か飲みたいね。（　　　）

A　もうすぐ車内販売が来るから、お茶でも買おう。

B　8号車にございます。

C　さようでございますか。よろしければ、こちらで手配しておきますが……。

D　申し訳ございません。あとどれくらいかかるかは、まだ何とも言えない状況でして。

Track 57　CDを聞いて答えを確認してください。

●● CDを聞いて、次の質問に答えてください。　Track 58

1　どのようなトラブルがありましたか。正しいものを一つ選んでチェックしてください。

① □ 雪で列車が動かなくなってしまった。

② □ 雪で飛行機が飛ばなくなってしまった。

③ □ 雪で空港が混雑して、ゲートが空かなくなってしまった。

④ □ 雪で飛行機が動かなくなってしまい、乗客が降りられなくなってしまった。

2 男の人は、客室乗務員にどのような問題を相談していますか。正しいものを一つ選んでチェックしてください。

① □ 体調が悪くなった。
② □ 大切な会議に間に合いそうにない。
③ □ 家に帰る電車があるか、調べられない。
④ □ 遅くなってしまったので、家に帰れない。

3 男の人の問題は、どのように解決されましたか。正しいものを一つ選んでチェックしてください。

① □ 家に帰る電車を見つけた。
② □ 飛行機の中で寝ることになった。
③ □ 航空会社がホテルを予約してくれた。
④ □ 空港に近いホテルを自分で予約した。

話してみよう 1

●● あなたは、今までに旅行の途中でトラブルが発生したことがありますか。また、それをどのように解決しましたか。

●● あなたは、電車や船で旅行したことがありますか。どんな旅行でしたか。

1　この列車の説明として、正しいものを一つ選んでチェックしてください。

① □ 名古屋まで行く新幹線である。

② □ この列車は長岡には停まらない。

③ □ 「とき」という名前の列車である。

④ □ 座る席が全て決まっている列車である。

2 列車の中で、どのようなサービスを受けることができますか。正しいものを一つ選んでチェックしてください。

① □ 煙草が吸えるシートがある。

② □ 携帯電話を自由に使える車両がある。

③ □ 車内が緑色で、リラックスできる車両がある。

④ □ 売店に行かなくても飲みものが買えるサービスがある。

3 10号車に乗っている人が、トイレに行きたくなりました。一番近いトイレは、どこにありますか。

① □ 8号車

② □ 9号車

③ □ 10号車

④ □ 11号車

●● 電車や船、飛行機のサービスについて話してみましょう。

- 思い出に残っている施設やサービスはありますか。
- どんな施設やサービスがあったらいいと思いますか。

シャドーイングしてみよう

●● どれくらいシャドーイングできますか。CDを聞きながらシャドーイングをして、自己評価をしてみましょう。 ◎Track 60

1回目

□ よくできた　　□ だいたいできた　　□ あまりできなかった　　□ 全然できなかった

2回目

□ よくできた　　□ だいたいできた　　□ あまりできなかった　　□ 全然できなかった

3回目

□ よくできた　　□ だいたいできた　　□ あまりできなかった　　□ 全然できなかった

◗ 여행과 관련된 단어 및 표현

乗客 승객

着陸 착륙

ゲート 게이트, 출입구

待機する 대기하다

急ぎ 서두름

行き先 행선지

手配する 수배하다

当機 당 항공기

大雪 폭설

滑走路 활주로

連絡が入る 연락이 들어오다

終電 마지막 전철

迷惑を掛ける 폐를 끼치다

◗ 차내 안내방송과 관련된 단어 및 표현

乗車 승차

車内 차내

自由席 자유석

全席禁煙 전석 금연

デッキ 갑판, 승강구의 발판

車内販売 차내 판매

発車 발차, 출발

終点 종점

列車 열차

16両編成 16량 편성

グリーン車 그린 열차, 특별 요금을 내는 JR의 열차

マナーモード 매너모드

〜にて ~에서

おつまみ 안주, 간식거리

始発 시발, 첫 차

遅延証明書をもらおう　🎧Track 61

　皆さんは、電車やバスが遅れて遅刻してしまったことがありますか。大事な会議や授業があるのに、交通機関のせいで遅刻してしまうと、とても困りますね。時間に遅れることに厳しい日本では、電車やバスが原因で到着時間が遅れた場合、「遅延証明書」をもらうことができます。遅延証明書は、電車やバスが遅れたことを、鉄道会社やバス会社が公式的に証明する証明書です。会社や学校に遅延証明書を持って行くと、遅刻をしていないことにしてくれる場合があります。遅延証明書は、電車では駅でもらうことができます。バスの場合は会社ごとに違います。最近では、インターネットで発給するサービスもできました。日本に行って電車が遅れた時には、降りた駅で周りをよく見てみてください。何か配っている駅員さんがいるかもしれませんよ。

自己評価してみよう

★ 旅行の途中で発生した交通機関やホテルのトラブルについて聞いて理解し、その情報について話すことができる。

聞くこと
□よくできた　　□だいたいできた　　□あまりできなかった　　□全然できなかった

話すこと
□よくできた　　□だいたいできた　　□あまりできなかった　　□全然できなかった

★ 列車やバス・駅・飛行機・空港内でのアナウンスを聞いて情報を理解し、その情報について話すことができる。

聞くこと
□よくできた　　□だいたいできた　　□あまりできなかった　　□全然できなかった

話すこと
□よくできた　　□だいたいできた　　□あまりできなかった　　□全然できなかった

11 日本社会の人付き合い

ウォーミングアップ

1 CDを聞いて、次の①〜④の絵に合う日本語の表現を@〜@の中から選んでください。  Track 62

@ 引っ越し祝い　　　ⓑ お土産
ⓒ お歳暮　　　　　ⓓ ご祝儀

① (　　　)　　② (　　　)　　③ (　　　)　　④ (　　　)

2 次の①〜④の文に続く会話文をA〜Dの中からそれぞれ一つずつ選んでください。

① 今日は引っ越しのお手伝いをありがとうございました。これ、よかったら召し上がってください。（　　　）

② お中元って、いつ頃送った方がいいの？（　　　）

③ これ、この間温泉に行って来たお土産なんだけど、よかったら使ってね。（　　　）

④ 上司の家を訪問する時の手土産って、どんなものがいいと思う？（　　　）

A　地域によっても違うけれど、7月ぐらいがいいんじゃないかな。

B　お菓子や飲みものとか、その方が好きなものを選んだらいいと思うよ。

C　ありがとう！かわいいキーホルダーだね。大切に使わせてもらうね。

D　わあ、おいしそうなおそばですね。いただきます。

Track 63 CDを聞いて答えを確認してください。

●● CDを聞いて、次の質問に答えてください。　🔘Track 64

1　男の人が今週末することは何ですか。正しいものを一つ選んでチェックしてください。

A

B

C

D

2 男の人が手土産に選んだものは、次のうちどれですか。正しいものを一つ選んでチェックして
ください。

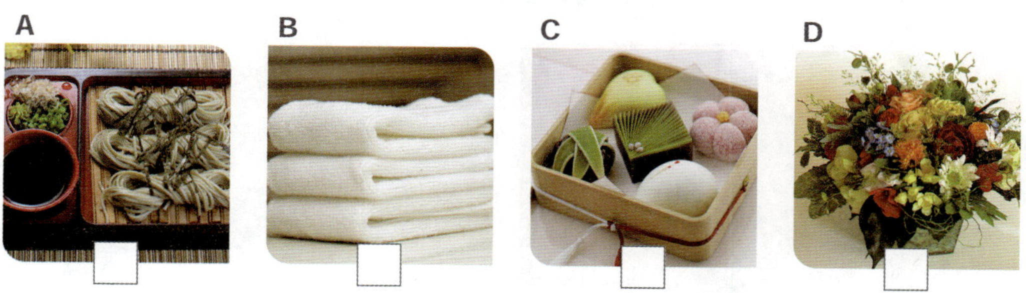

3 二人が話している内容として、正しいものを一つ選んでチェックしてください。

① □ 都会のマンションに住む人は、毎日あまりあいさつをしない。

② □ そばには、「これからも長くお付き合いをお願いします」の意味がある。

③ □ 仕事を手伝ってくれた人に、花をプレゼントする習慣がある。

④ □ 女の人は、今週末、男の人の手伝いをする約束をした。

話してみよう 1

●● 韓国では引っ越しをした時に、どんなお祝いやあいさつをしますか。具体的に説明してください。

CDを聞く前に

お歳暮やお中元を知っていますか。下の絵を見て、どんなものか想像して話してください。

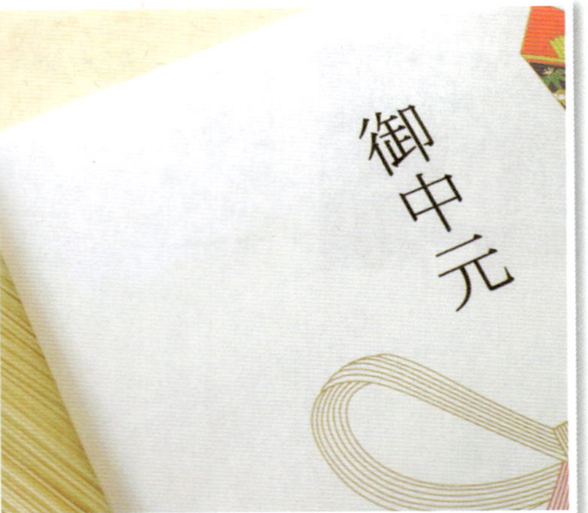

CDを聞いた後に 🎧 Track 65

1　もらってうれしいお歳暮の1位〜3位を下の絵から選んで（　　）の中に順位を書いてください。

A （　　　　）　　　B （　　　　）　　　C （　　　　）　　　D （　　　　）

2 お歳暮を選ぶ際に大切にしているポイントとして、話されているものをすべて選んでください。

① □ 国産のもの

② □ 価格の割引があるもの

③ □ いくらあっても無駄にならないもの

④ □ 高級感のあるもの

3 CDの内容と合っているものを、すべてチェックしてください。

① □ お歳暮を贈る人は年々少なくなってきている。

② □ 高級感あるギフト専用のワインの需要が大きい。

③ □ 最も多いお歳暮の価格は、3000円台のものだ。

④ □ お歳暮を贈ることが安心につながっている。

●● 贈りものについて話してみましょう。

- 韓国にはお歳暮のような習慣がありますか。
- あなたが友人や知人に贈りものをする時に、大切にしているポイントはどんなことですか。

●● どれくらいシャドーイングできますか。CDを聞きながらシャドーイングをして、自己評価をしてみましょう。　Track 66

1回目

□ よくできた　　□ だいたいできた　　□ あまりできなかった　　□ 全然できなかった

2回目

□ よくできた　　□ だいたいできた　　□ あまりできなかった　　□ 全然できなかった

3回目

□ よくできた　　□ だいたいできた　　□ あまりできなかった　　□ 全然できなかった

이사와 관련된 단어 및 표현

引っ越す 이사하다　　　　　　　　**手伝う** 돕다, 거들다

あいさつをする 인사를 하다　　　**お付き合い** 사귐, 교제

手土産 인사차 들고 가는 선물　　**タオル** 타올, 수건

引っ越しそば 이사 온 인사로 이웃에 돌리는 국수, 이사 때 먹는 국수

선물 문화와 관련된 단어 및 표현

お中元 중원, 백중　　　　　　　　**お歳暮** 연말, 세모

贈りもの 선물　　　　　　　　　　**ご祝儀** 축의금

快気祝い 쾌차 선물　　　　　　　**お見舞い** 병문안, 문병

お返し 답례, 답례품　　　　　　　**年末年始** 연말연시

食べもの 먹을 것　　　　　　　　**飲みもの** 마실 것

高級感 고급스러움　　　　　　　　**ギフト専用** 선물용

ビール 맥주　　　　　　　　　　　**ハム** 햄

ソーセージ 소세지　　　　　　　**国産** 국산

産地 산지, 원산지　　　　　　　　**習慣** 습관

無駄になる 무용지물이 되다

お返しの文化 Track 67

外国ではあまり行われていない、日本の文化の一つに「お返し」の文化があります。結婚や出産やお葬式など、大きな喜びや悲しみに贈られたものに対して、受け取った側が贈りものをお返しするという習慣です。昔、日本では結婚式やお葬式などの際に、同じ村に住んでいる近所の人たちが米や野菜などの食べもの、お金などを持ち寄って助け合っていました。そして行事が終わると、残ったものを近所の人たちにお返しするということから、お返しの文化はきていると言われています。お中元やお歳暮はそれ自体が感謝の気持ちを表すものなので、特にお返しは必要ではありません。病気や災害に対するお見舞いに対するお返しも、特に必要なものではありませんが、一般的に、病気から回復して元気になった時には、「快気祝い」という贈りものでお見舞いに対する感謝の気持ちを表すことが多いようです。

自己評価してみよう

★ 日本の引っ越し文化について聞いて理解し、話すことができる。

聞くこと
□よくできた　　□だいたいできた　　□あまりできなかった　　□全然できなかった

話すこと
□よくできた　　□だいたいできた　　□あまりできなかった　　□全然できなかった

★ 日本人の贈答文化についての番組放送を聞いて理解し、話すことができる。

聞くこと
□よくできた　　□だいたいできた　　□あまりできなかった　　□全然できなかった

話すこと
□よくできた　　□だいたいできた　　□あまりできなかった　　□全然できなかった

いろいろな行事

| 学習目標 | ★ 年中行事についての意見交換を聞いて内容を理解し、それを話すことができる。
★ 日本と韓国の行事の特色や共通点・相違点についてのスピーチを聞いて要点を理解し、それを話すことができる。 |

ウォーミングアップ

1 CDを聞いて、次の①〜④の絵に合う日本語の表現を@〜dの中から選んでください。　🔊 Track 68

| @ 初詣 | b お盆 |
| c おせち料理 | d 福袋 |

①（　　　）　　②（　　　）　　③（　　　）　　④（　　　）

2 次の①〜④の文に続く会話文をA〜Dの中からそれぞれ一つずつ選んでください。

① お正月はどう過ごしたいですか。（　　　）

② そろそろ初詣に行こうか。（　　　）

③ 韓国のチュソクと日本のお盆って同じですか。（　　　）

④ チュソクには何をするの。（　　　）

🔊 Track 69　CDを聞いて答えを確認してください。

A　家族で集まって、チャレをしたり、一緒にご飯を食べたりするよ。

B　私、着物着て行こうかな。

C　似ているけど、違うものですよ。

D　私は実家に帰ってゆっくりしたいです。

●● CDを聞いて、次の質問に答えてください。 Track 70

1　お正月の過ごし方で一番多かった回答は何ですか。正しいものを一つ選んでチェックして
　　ください。

　　① □ 実家に帰る。
　　② □ 初詣に行く。
　　③ □ 家でゆっくり休む。
　　④ □ お正月料理を楽しむ。

2 女の人は、お正月をどう過ごしたいと思っていますか。正しいものを全てチェックしてください。

① □ 初詣に行く。

② □ 初売りに行く。

③ □ 家でゆっくり休む。

④ □ お正月料理を楽しむ。

3 既婚の女性が、田舎の家に行くのを嫌がる理由は何ですか。正しいものを一つ選んでチェックして
ください。

① □ 親戚の子どもにお年玉をあげなければならないから

② □ お正月の料理を作ったり、家の仕事を手伝ったりしないといけないから

③ □ お餅つきをしなければならないから

④ □ お正月の特別な雰囲気が好きではないから

話してみよう 1

●● お正月について話してみましょう。

- 日本のお正月について知っていることを話してみましょう。
- みなさんは、韓国でお正月をどのように過ごしたいですか。

CDを聞く前に

●● みなさんは、チュソクにどんなことをしますか。

CDを聞いた後に　Track 71

1　学生が友だちの家にホームステイしたのはいつですか。正しいものを一つ選んでチェックして
　　ください。

A

			1月			
Su	Mo	Tu	We	Th	Fr	Sa
				1	2	3
4	5	6	7	8	9	10
11	12	13	14	15	16	17
18	19	20	21	22	23	24
25	26	27	28	29	30	31

B

			7月			
Su	Mo	Tu	We	Th	Fr	Sa
			1	2	3	4
5	6	7	8	9	10	11
12	13	14	15	16	17	18
19	20	21	22	23	24	25
26	27	28	29	30	31	

C

			8月			
Su	Mo	Tu	We	Th	Fr	Sa
						1
2	3	4	5	6	7	8
9	10	11	12	13	14	15
16	17	18	19	20	21	22
23	24	25	26	27	28	29
30	31					

D

			9月			
Su	Mo	Tu	We	Th	Fr	Sa
	1	2	3	4	5	
6	7	8	9	10	11	12
13	14	15	16	17	18	19
20	21	22	23	24	25	26
27	28	29	30			

2 お盆の説明として正しいものを、一つ選んでチェックしてください。

① □ 13日に神社にご先祖様を迎えに行く。

② □ 家族みんなで、お墓の掃除をしに行く。

③ □ 祭壇のお供えものは、家族みんなで食べる。

④ □ 16日は送り盆といって、ご先祖様を送る日である。

3 お盆とチュソクの共通点は何でしょうか。正しいものを全てチェックしてください。

① □ 行事の日にち

② □ 迎え盆と送り盆

③ □ ご先祖様を迎えること

④ □ 祭壇にお供えものをすること

●● 日本と韓国の年中行事ついて話してみましょう。

・チュソクとお盆は、どんな違いがありますか。分かったことをまとめて話してみましょう。
・日本と韓国の年中行事を調べて、共通点と相違点について話し合ってみましょう。

シャドーイングしてみよう

●● どれくらいシャドーイングできますか。CDを聞きながらシャドーイングをして、自己評価をしてみましょう。 Track 72

1回目

□ よくできた　　□ だいたいできた　　□ あまりできなかった　　□ 全然できなかった

2回目

□ くできた　　□ だいたいできた　　□ あまりできなかった　　□ 全然できなかった

3回目

□ よくできた　　□ だいたいできた　　□ あまりできなかった　　□ 全然できなかった

연중행사와 관련된 단어 및 표현

実家（じっか） 자기가 태어난 집, 부모의 집

年末（ねんまつ） 연말

正月三が日（しょうがつさんにち） 1월 1일부터 3일까지

お餅つき（もち） 떡 만들기

初詣（はつもうで） 새해 첫 참배

福袋（ふくぶくろ） 복주머니

おせち(=おせち料理（りょうり）**)** 명절 때 먹는 조림 요리

既婚（きこん） 기혼

本家（ほんけ） 본가

長男の嫁（ちょうなん よめ） 장남의 부인

台所（だいどころ） 부엌

味わう（あじ） 맛보다

ケ 보통임

非日常（ひにちじょう） 비일상

お赤飯（せきはん） 팥밥

質素（しっそ） 검소함

帰省する（きせい） 귀성하다, 고향에 돌아가다

お正月（しょうがつ） 정월, 설

伝統行事（でんとうぎょうじ） 전통행사

寝正月（ねしょうがつ） 신년 연휴를 집에서 빈둥거리며 보냄

初売り（はつう） 새해의 첫 판매

正月料理（しょうがつりょうり） 설 음식

お雑煮（ぞうに） 설에 먹는 일본식 떡국

田舎（いなか） 시골

嫁（よめ） 며느리

次から次へ（つぎ つぎ） 계속해서

お年玉（としだま） 세뱃돈

ハレ 특별함

晴れ着（は ぎ） 특별한 날 입는 옷

お餅（もち） 떡

器（うつわ） 그릇

한일 연중행사의 공통점과 관련된 단어 및 표현

お盆（ぼん） 오봉 (일본의 추석으로 양력 8월 13일~16일)

迎え盆（むか ぼん） 오봉의 첫째날로 선조의 정령을 맞이하는 날

ご先祖様（せんぞさま） 조상님

祭壇（さいだん） 제단

祭る（まつ） 제사 지내다, 기리다, 바치다

チャレ 차례 (한국의 명절에 지내는 예식)

チュソク 추석 (한국의 명절로 음력 8월 15일)

送り盆（おく ぼん） 오봉의 마지막날로 선조의 정령을 보내는 날

お寺（てら） 절

お供えもの（そな） 제물, 공물

供える（そな） 올리다, 바치다

風習（ふうしゅう） 풍습

ハレの日とケの日 🔊 Track 73

　「晴れ着」という言葉を聞いたことがありますか。お正月やお祭りなど、特別な日に着るきれいな服のことを言います。日本では、古くからお祭りや年中行事などの非日常を「ハレの日」と言って、普通の日と区別していました。普通の日は「ケの日」と呼びました。ハレの日は、着るものだけでなく、食べるものも違います。お餅やお赤飯などは、ハレの日の食べものです。お正月のおせち料理もそうです。また、ハレの日の食べものを食べる時には、器も普段は使わない、特別なものを使いました。昔はハレとケの日をきちんと区別して、ハレの日はにぎやかに生活し、ケの日はとても質素で落ち着いた生活をしていました。現代は昔ほどハレとケを区別しなくなりましたが、お正月や地域のお祭り、家族の誕生日などはハレの日だということを意識する人が多いようです。

自己評価してみよう

★ 年中行事についての意見交換を聞いて内容を理解し、それを話すことができる。

聞くこと
□よくできた　　□だいたいできた　　□あまりできなかった　　□全然できなかった

話すこと
□よくできた　　□だいたいできた　　□あまりできなかった　　□全然できなかった

★ 日本と韓国の行事の特色や共通点・相違点についてのスピーチを聞いて要点を理解し、それを話すことができる。

聞くこと
□よくできた　　□だいたいできた　　□あまりできなかった　　□全然できなかった

話すこと
□よくできた　　□だいたいできた　　□あまりできなかった　　□全然できなかった

13 自然と防災

^{し ぜん} ^{ぼうさい}

学習目標

★ 自然災害・防災についての意見を聞いて理解し、自分の意見を話すことができる。

★ 自然災害についての放送を聞いて理解し、話すことができる。

ウォーミングアップ

1 CDを聞いて、次の①〜④の絵に合う日本語の表現を@〜@の中から選んでください。 Track 74

> @ 大雪　　　　　ⓑ 地震
> ⓒ 津波　　　　　ⓓ 台風

① (　　　)　　② (　　　)　　③ (　　　)　　④ (　　　)

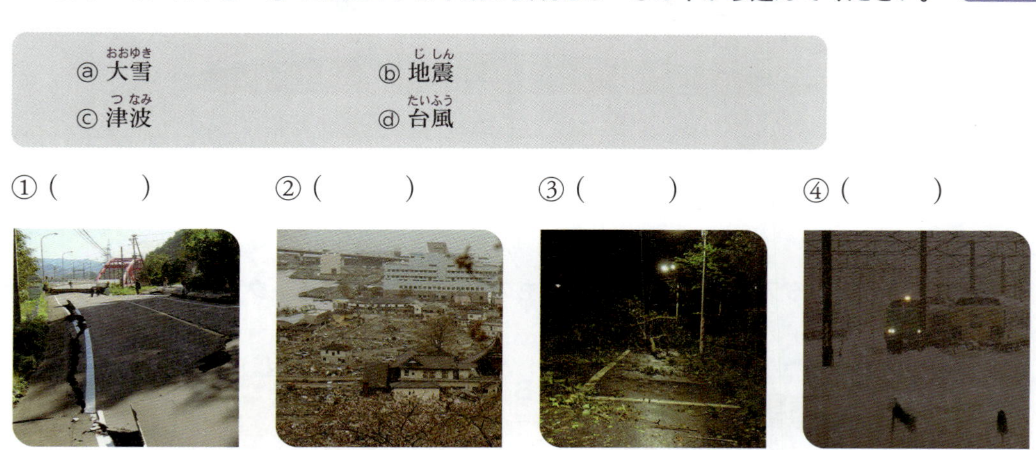

2 次の①〜④の文に続く会話文をA〜Dの中からそれぞれ一つずつ選んでください。

① 防災のために、どんなことをしておいたらいいですか。 (　　　)

② 今日は避難訓練の日です。警報が鳴ったら、ただちに避難してください。 (　　　)

③ 大雪で、国道4号線が通行止めになっているらしいよ。 (　　　)

④ 今回の災害でライフラインがストップしてしまいました。 (　　　)

> **A** 非常食や保存水を用意しておくといいと思います。
>
> **B** それは大変！早く除雪してくれないかな。
>
> **C** 水道、ガス、電気、どれも止まると非常に困りますね。
>
> **D** はい、分かりました。「備えあれば憂いなし」ですね。

Track 75 CDを聞いて答えを確認してください。

●● CDを聞いて、次の質問に答えてください。　Track 76

1　番組で話されているテーマとして、正しいものを一つ選んでチェックしてください。

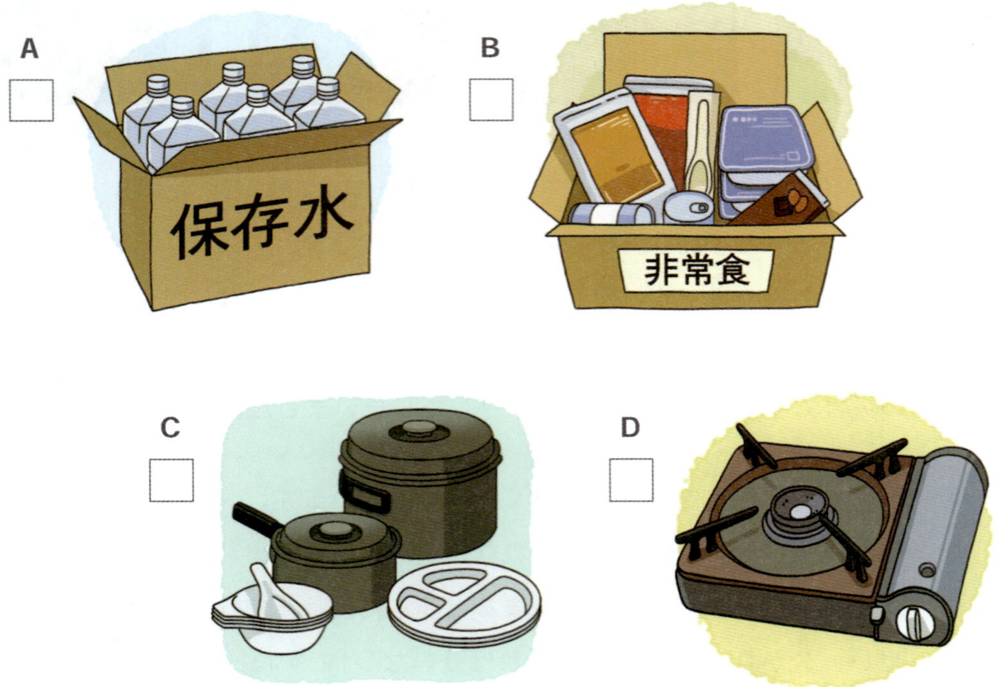

2　ローリングストック法では、非常食を何日分用意しておくといいと話していますか。正しいものを一つ選んでチェックしてください。

①　□ 2日分
②　□ 3日分
③　□ 4日分
④　□ 5日分

3　ローリングストック法について、正しいものを一つ選んでチェックしてください。

①　□ 5年以上保存できる缶詰を毎月買っておく。
②　□ 押し入れに保存しておいて、災害の時に出す。
③　□ 毎月1回、保存していたものを全部捨てる日を決めておく。
④　□ 毎月、自分の好みに合うものを選ぶことができる。

話してみよう 1

●● 防災のために、普段からどんなものを用意しておくといいと思いますか。下の写真を参考にして、あなたが選んだものとその理由について話してください。

CDを聞く前に

●● 何の災害のニュースだと思いますか。どんな影響が出ているか、予想して話してみましょう。

CDを聞いた後に Track 77

1 大雪が降ったのは、いつ、どこでですか。正しいものを一つ選んでチェックしてください。

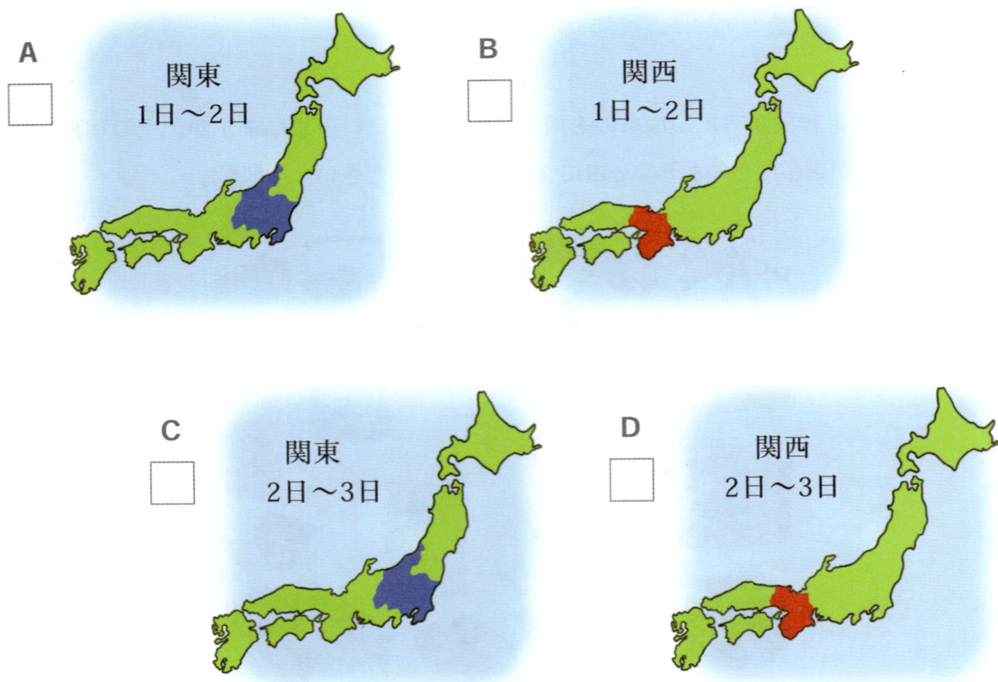

2 大雪の影響として、話されているものをすべて選んでください。

① □ 道路が通行止めになっている。

② □ JRの電車が止まっている。

③ □ 水道が止まっている。

④ □ ガスが止まっている。

3 CDの内容と合っているものをすべて選んでください。

① □ 車に乗っている人が休める場所が用意された。

② □ JRは客を近くの病院に案内した。

③ □ 雪を完全に取り除くためには、あと1週間かかる。

④ □ 雪が多い地域の人たちは公民館に避難している。

●● 自然災害が起きた時、被害をできるだけ少なくするために、何ができますか。具体的に考えて話してみましょう。

> ・自分でできることは何ですか。(例 防災グッズを用意しておく。)
> ・家族でできることは何ですか。(例 連絡方法や集合場所を決めておく。)
> ・身近にいる人と協力してできることは何ですか。
>   (例 炊き出しをして周りの人に食べてもらう。)

シャドーイングしてみよう

●● どれくらいシャドーイングできますか。CDを聞きながらシャドーイングをして、自己評価をしてみましょう。 Track 78

1回目
□ よくできた　　□ だいたいできた　　□ あまりできなかった　　□ 全然できなかった

2回目
□ よくできた　　□ だいたいできた　　□ あまりできなかった　　□ 全然できなかった

3回目
□ よくできた　　□ だいたいできた　　□ あまりできなかった　　□ 全然できなかった

🔖 자연재해·방재와 관련된 단어 및 표현

自然災害 자연재해   **防災** 방재

地震 지진   **台風** 태풍

備える 대비하다   **食糧** 식량

非常食 비상식   **保存** 보존

大量に 대량으로   **賞味期限** 유통기한

国道〜号線 국도 〜호선   **通行止めになる** 통행금지가 되다

雪が積もる 눈이 쌓이다   **大雪が降る** 폭설이 내리다

除雪する 제설하다, 눈을 치우다   **被害** 피해

地域 지역   **自衛隊** 자위대

自治体 자치체   **被災者** 이재민

JR(=Japan Railway) 일본 철도회사의 공통 약칭   **列車** 열차

ライフラインがストップする 라이프라인이 끊기다 (전기·수도·가스 등 생활에 필요한 시설이 끊기다)

(食べもの / 飲みもの) を届ける (먹을 것 / 마실 것)을 전달하다

備えあれば憂いなし　🔊 Track 79

　「備えあれば憂いなし」は、何事も前もって準備しておけば心配することがないという意味です。特に日本は自然災害の多い国。そこで暮らす外国人もいつ被災者になるか分かりません。自然災害は防ぐことはできませんが、被害をできるだけ少なくする、「減災」という考え方を頭に入れておきたいものです。日本では職場や学校で避難訓練を定期的に行っています。また、各自治体の国際交流協会などでは、外国人向けの防災訓練を行ったり、防災のための多言語情報DVDを作成していたりします。日本で生活することになった場合には、このような場に積極的に参加して、いざという時に冷静に行動できるようにしてほしいと思います。また、学校や公共施設は避難場所となる場合が多いので、家の近くではどこに避難したらいいのか、確認しておくことも必要ですね。

自己評価してみよう

★ 自然災害・防災についての意見を聞いて理解し、自分の意見を話すことができる。

聞くこと
□よくできた　　□だいたいできた　　□あまりできなかった　　□全然できなかった

話すこと
□よくできた　　□だいたいできた　　□あまりできなかった　　□全然できなかった

★ 自然災害についての放送を聞いて理解し、話すことができる。

聞くこと
□よくできた　　□だいたいできた　　□あまりできなかった　　□全然できなかった

話すこと
□よくできた　　□だいたいできた　　□あまりできなかった　　□全然できなかった

私たちの社会と世界

学習目標

★ 現代社会の問題についての意見交換を聞いて内容を理解し、自分の考えを話すことができる。

★ 国際問題のニュースを聞いて要点を理解し、そのテーマについて話すことができる。

ウォーミングアップ

1 CDを聞いて、次の①〜④の絵に合う日本語の表現を ⓐ〜ⓓ の中から選んでください。　Track 80

> ⓐ リサイクル　　　ⓑ 保育園
> ⓒ 核家族　　　　ⓓ ペットボトル

① (　　　)　　② (　　　)　　③ (　　　)　　④ (　　　)

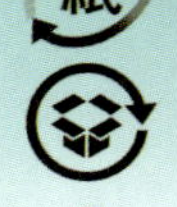

2 次の①〜④の文に続く会話文をA〜Dの中からそれぞれ一つずつ選んでください。

① うちは、夫婦で話し合って子どもは産まないことにしたんですよ。　(　　　)

② これ、燃えるごみだっけ。　(　　　)

③ あ、マイ箸ですか。　(　　　)

④ 最近、仕事を頑張っている女性が増えてきましたね。　(　　　)

> A　ううん、それは燃えないごみだよ。
>
> B　はい、いつも持って来ているんです。
>
> C　そうですか。そういう選択もありますよね。
>
> D　そうですね。女性の社会進出が進みましたからね。

Track 81　CDを聞いて答えを確認してください。

●● CDを聞いて、次の質問に答えてください。　Track 82

1 日本の少子化問題の原因と関係がない内容を、一つ選んでチェックしてください。

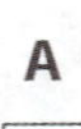 **A**

 **B**

 **C**

 **D**

2 フランスでは、どのように少子化問題を克服しましたか。正しいものを一つ選んでチェックしてください。

① □ 年金のシステムを変えた。

② □ 保育園で働く女性を増やした。

③ □ 早く結婚できるように制度を充実させた。

④ □ 働く女性が子どもを産んで育てていく環境を整えた。

3 少子化問題は社会にどのような影響を与えますか。当てはまらないものをすべて選んでチェックしてください。

① □ 核家族が減る。

② □ 労働人口が減る。

③ □ 年金がもらえなくなる。

④ □ 学校の教師の数が足りなくなる。

話してみよう 1

●● 韓国の少子化問題について話してみましょう。

> ・韓国の少子化問題には、どのような要因があると思いますか。
>
> ・少子化問題を踏まえて、韓国はこれからどのような社会を作っていくべきだと思いますか。

CDを聞く前に

●● みなさんは、普段ごみを減らすように何か工夫をしていますか。どのようなことをして
いるか、話してみましょう。

CDを聞いた後に ● Track 83

1 このニュース解説のテーマは何ですか。正しいものを一つ選んでチェックしてください。

① □ ごみと企業の責任

② □ 環境先進国ヨーロッパ

③ □ ごみ処理問題の解決のために

④ □ リサイクルのシステムを作ろう

2 ヨーロッパで行っているごみ対策の内容と合わないものを一つ選んでチェックしてください。

① □ 企業が処理費用を全部負担する。

② □ ペットボトルをリサイクルして使う。

③ □ シャンプーなどは容器を持って行くと、中身を入れてもらえる。

④ □ 企業はできるだけごみが出ないような製品を作る。

3 日本は今後、どのようにしていくといいでしょうか。正しいものを一つ選んでチェックしてください。

① □ リサイクル製品を増やす。

② □ 大量生産をやめる。

③ □ ごみが出る製品を減らす。

④ □ ごみの焼却量を増やす。

●● ヨーロッパのごみ対策について話してみましょう。

- ・ヨーロッパのごみ対策の中で、あなたが取り入れたいと思うものはありますか。
- ・その対策は韓国(日本)で成功しますか。失敗しますか。
- ・韓国(日本)で成功(失敗)するなら、その理由は何だと思いますか。

シャドーイングしてみよう

●● どれくらいシャドーイングできますか。CDを聞きながらシャドーイングをして、自己評価をしてみましょう。　🎧Track 84

1回目

□ よくできた　　□ だいたいできた　　□ あまりできなかった　　□ 全然できなかった

2回目

□ よくできた　　□ だいたいできた　　□ あまりできなかった　　□ 全然できなかった

3回目

□ よくできた　　□ だいたいできた　　□ あまりできなかった　　□ 全然できなかった

저출산과 관련된 단어 및 표현

社会進出 사회진출

要因 요인

仕事に励む 일에 매진하다

子どもを産む 아이를 낳다

育てる 기르다, 키우다

環境 환경

制度 제도

充実させる 충실하게 하다, 보완하다

克服する 극복하다

実績 실적

実践する 실천하다

年金 연금

労働者 노동자

システム 시스템

踏まえる 근거하다

税金 세금

쓰레기 문제와 관련된 단어 및 표현

マイ箸 개인용 젓가락

ごみ処理場 쓰레기 처리장

処理する 처리하다

課題 과제

ダイオキシン 다이옥신

埋める 묻다, 파묻다

土壌汚染 토양오염

環境先進国 환경선진국

対策 대책

原則 원칙

リフューズ（REFUSE） 거부

リデュース（REDUCE） 감소

リユース（REUSE） 재사용, 재이용

リサイクル（RECYCLE） 재활용

何度も 몇번이나

ペットボトル 페트병

再利用 재이용

京都議定書 교토의정서

感銘を受ける 감명 받다

「もったいない」と「MOTTAINAI」 🔊 Track 85

　みなさんは、「もったいない」という言葉を聞いたことがありますか。まだ使えるものや、食べられるものを捨てようとする時、そのものが使えなくなってしまったり、食べられなくなってしまうことを惜しんで、「もったいないね」と言います。自然やものに対して、敬意や愛をこめて使う言葉です。この「もったいない」という言葉を世界的に有名にしたのが、ケニア出身の環境保護活動家であるワンガリー・マタイという人です。彼女は、2005年、京都議定書関連行事のため日本を訪れた時に、「もったいない」という言葉に出会い、感銘を受けました。リデュース、リユース、リサイクル、リスペクトの概念を一語で表せると思ったからです。それから、「MOTTAINAI」を世界共通の言葉として広めようと活動しています。自然やものに対して、敬意や愛をこめて接すれば、多くの環境問題は解決していけるのではないでしょうか。「MOTTAINAI」の気持ち、大切にしたいですね。

自己評価してみよう

★ 現代社会の問題についての意見交換を聞いて内容を理解し、自分の考えを話すことができる。

聞くこと
□よくできた　　□だいたいできた　　□あまりできなかった　　□全然できなかった

話すこと
□よくできた　　□だいたいできた　　□あまりできなかった　　□全然できなかった

★ 国際問題のニュースを聞いて、要点を理解し、そのテーマについて話すことができる。

聞くこと
□よくできた　　□だいたいできた　　□あまりできなかった　　□全然できなかった

話すこと
□よくできた　　□だいたいできた　　□あまりできなかった　　□全然できなかった

15 言葉 (ことば)

★ 早期英語教育についての意見交換を聞いて理解し、自分の意見を話すことができる。

★ よく使われることわざや慣用句についての説明を聞いて理解し、話すことができる。

ウォーミングアップ

1 CDを聞いて、次の①〜④の絵に合う日本語の表現を ⓐ〜ⓓ の中から選んでください。 Track 86

> ⓐ 〜に通う　　　　　ⓑ 〜に親しむ
> ⓒ 〜を生きる　　　　ⓓ 〜に役立つ

① (　　　)　　　② (　　　)　　　③ (　　　)　　　④ (　　　)

 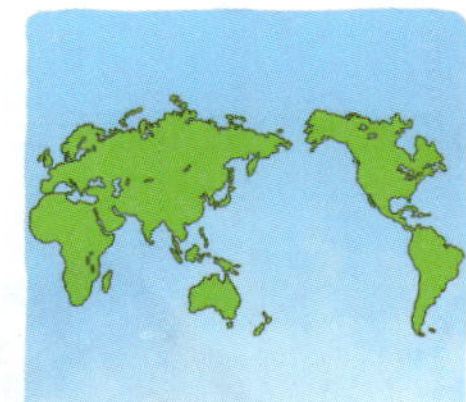  

2 次の①〜④の文に続く会話文をA〜Dの中からそれぞれ一つずつ選んでください。

① 早期英語教育に興味がありますか。（　　　）

② 好きなことわざを教えてください。（　　　）

③ 体の名前を含んだ慣用句は韓国語と違うものも多いですね。（　　　）

④ 国語の入試問題の漢字、全部書けましたか。（　　　）

> **A**　「習うより慣れろ」です。私は日本語をその考え方で身につけました。
>
> **B**　ええ、例えば「顔が広い」は韓国語では「足が広い」と表現しますね。
>
> **C**　いいえ、「こんな難しい漢字書ける人いるの？」って首をかしげたくなりました。
>
> **D**　はい、子どもには幼稚園から英語を学ばせようと思っています。

Track 87　CDを聞いて答えを確認してください。

●● CDを聞いて、次の質問に答えてください。　Track 88

1　二人が話している本のテーマとして、正しいものを一つ選んでチェックしてください。

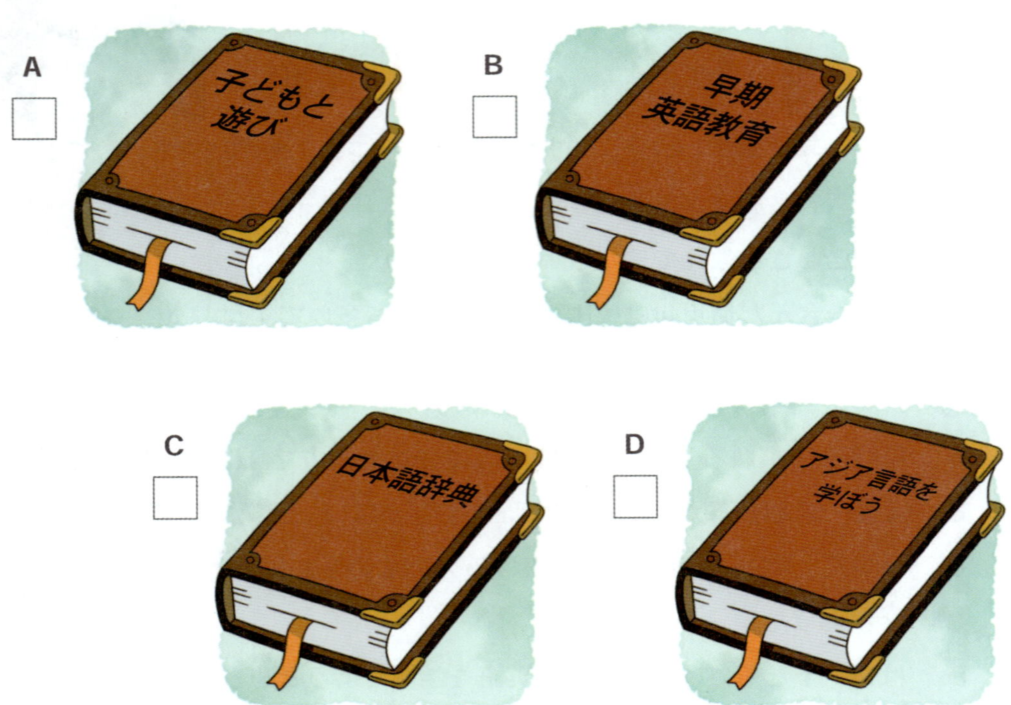

2 女の人の考え方と合っているものを、すべて選んでチェックしてください。

① □ 遊びながら英語を学ばせたい。

② □ これからアラビア語を学びたい。

③ □ 英語以外の外国語を学ぶのは大変だ。

④ □ 日本語はどの言語よりも難しい。

3 男の人の考え方と合っているものを、すべて選んでチェックしてください。

① □ 幼稚園に通わせるのには反対だ。

② □ 英語より日本語をしっかり学ばせたい。

③ □ 子どもを外国に留学させたい。

④ □ これから発展していきそうな外国語を学ぶことが大切だ。

話してみよう１

早期英語教育のメリット、デメリットについて、あなたの考えを話してみましょう。
その上で、あなたは早期英語教育に賛成か、反対か、始めるのはいつがいいと思うかなどについて、話してみましょう。

	メリット	デメリット
例	・英語に対する抵抗感がなくなる ・英語の能力が高まる	・子どもの学習の負担が増える ・母語の能力が劣る

● ● 次の①〜④の言葉に合う絵を、A〜Dの中から選んで線で結んでください。

①口　　②腹　　③首　　④耳

・　　・　　・　　・

・　　・　　・　　・

A　　B　　C　　D

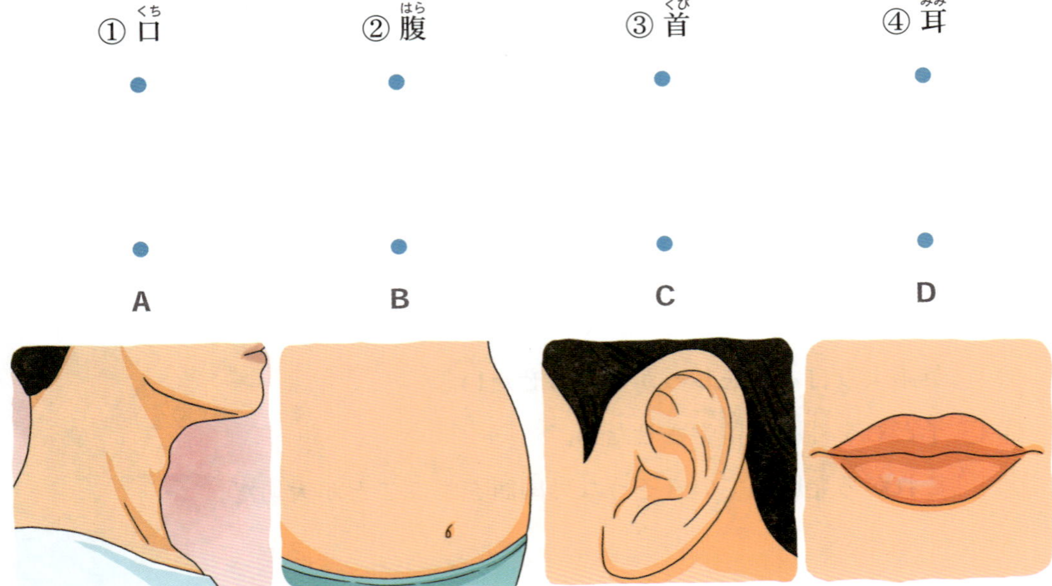

1　ランキング1位の表現の意味を表している絵はどれですか。正しいものを一つ選んでチェックしてください。

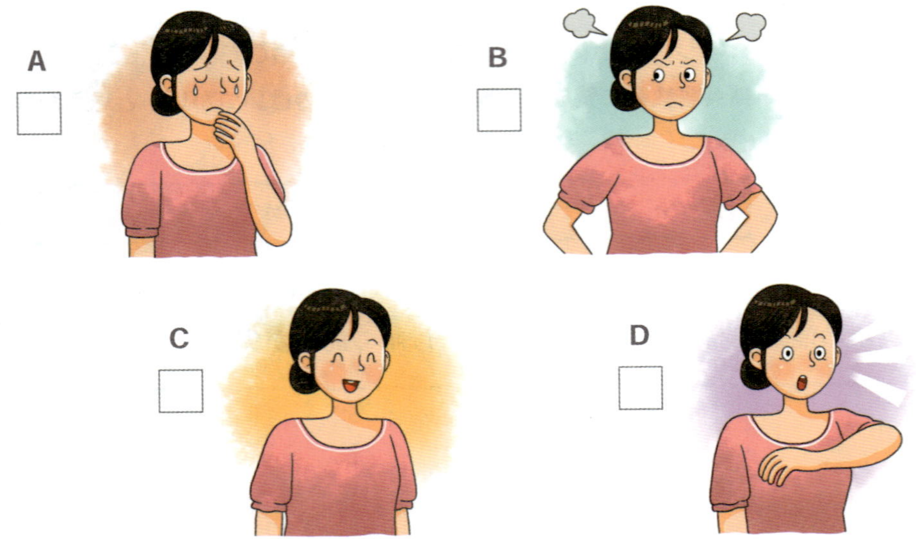

　ランキング2位の慣用句の意味を表している絵はどれですか。正しいものをすべて選んでチェックしてください。

3　次の①〜④のうち、ランキングに出てきた慣用句を使った例文をすべてチェックしてください。

① □ 先生の話に耳を傾けた。

② □ 首を長くして待っています。

③ □ あの人は本当に腹が黒いね。

④ □ 最近、首をかしげたくなる事件が多い。

●● 韓国のことわざについて、日本語で説明してみましょう。

・あなたが好きなことわざは何ですか。

・そのことわざの意味は何ですか。

・そのことわざは、どんな時に思い出すことが多いですか。

シャドーイングしてみよう

●● どれくらいシャドーイングできますか。CDを聞きながらシャドーイングをして、自己評価をしてみましょう。 Track 90

1回目

□ よくできた　　□ だいたいできた　　□ あまりできなかった　　□ 全然できなかった

2回目

□ よくできた　　□ だいたいできた　　□ あまりできなかった　　□ 全然できなかった

3回目

□ よくできた　　□ だいたいできた　　□ あまりできなかった　　□ 全然できなかった

조기 영어 교육과 관련된 단어 및 표현

早期英語教育 조기 영어 교육

幼稚園 유치원

賛成する 찬성하다

反対する 반대하다

分析する 분석하다

学び方 학습법, 공부법

外国語 외국어

グローバル社会 글로벌 사회

(ビジネス)に役立つ (비즈니스)에 도움이 되다

習うより慣れろ 배우기보다 익숙해져라

속담이나 관용구와 관련된 단어 및 표현

ことわざ 속담

慣用句 관용구

予備校 예비학교, 입시학원

入試問題 입시문제

調査する 조사하다

腹を立てる 화를 내다

腹が立つ 화가 나다

口にする 말을 하다, 먹다, 마시다

首をかしげる 고개를 갸웃하다

耳を傾ける 귀를 기울이다

登場する 등장하다

馬の耳に念仏 말 귀에 염불 (=소 귀에 경 읽기)

犬猿の仲 견원지간

すずめの涙 참새의 눈물 (=쥐 눈물)

顔が広い 얼굴이 넓다 (=발이 넓다)

息が合う 호흡이 맞다 (=배짱이 맞다)

息をつく暇もない 숨 쉴 틈도 없다 (=눈 코 뜰 새도없다)

日本語と韓国語のことわざ比較 🔊 Track 91

　日本語と韓国語のことわざの中には、意味や内容が似ているものがたくさんあります。例えば、動物が登場することわざ「소 귀에 경 읽기」は「馬の耳に念仏」（ありがたみやその価値が分からないこと）、「고양이와 개」は「犬猿の仲」（仲が悪いこと）、「쥐 눈물」は「すずめの涙」（とても少ない量のこと）などと表現します。また、身体の部分が登場する慣用句の中で「발이 넓다」は「顔が広い」（知り合いが多いこと）、「배짱이 맞다」は「息が合う」（物事を行う調子が合うこと）、「눈 코 뜰 새도 없다」は「息をつく暇もない」などと表現します。ちょっと登場する動物や身体の部分が違っていることもありますが、そんなところも面白いですね。

自己評価してみよう

★ 早期英語教育についての意見交換を聞いて理解し、自分の意見を話すことができる。

聞くこと
□よくできた　　　□だいたいできた　　　□あまりできなかった　　　□全然できなかった

話すこと
□よくできた　　　□だいたいできた　　　□あまりできなかった　　　□全然できなかった

★ よく使われることわざや慣用句についての説明を聞いて理解し、話すことができる。

聞くこと
□よくできた　　　□だいたいできた　　　□あまりできなかった　　　□全然できなかった

話すこと
□よくできた　　　□だいたいできた　　　□あまりできなかった　　　□全然できなかった

부록

01 私と家族

ウォーミングアップ

1

① 祖母の介護をしています。
② 私は一人暮らしをしています。
③ 今、子育てをしています。
④ 私の家は核家族です。

① 할머니의 간호를 하고 있습니다.

② 저는 혼자 살고 있습니다.

③ 지금 아이를 키우고 있습니다.

④ 우리 집은 핵가족입니다.

2

① **男** 結婚するために、何を準備したらいいかなぁ。

女 まずは、貯金をしっかりしなくちゃ。

② **女** 大学、ちゃんと卒業できそう？

男 大丈夫。必要な単位は取得できたから。

③ **女** 一番大切にしたい人は誰ですか。

男 来年結婚するつもりなので、今の恋人です。

④ **男** 最近、忙しそうですね。

女 運転免許をとるために自動車学校に通っているんです。

① 남 결혼하기 위해서 무엇을 준비하면 좋을까.

여 우선, 저축을 착실히 해야지.

② 여 대학교 제대로 졸업 할 수 있을 것 같아?

남 그럼. 필요한 학점은 취득했으니까.

③ 여 가장 소중한 사람은 누구입니까?

남 내년에 결혼할 생각이므로, 지금의 연인입니다.

④ 남 최근에 바쁜가봐요.

여 운전면허를 따려고 자동차 운전 학원에 다니고 있어요.

聞いてみよう1

司会者 本日のテーマは「家族」です。今日は二人のゲストの方を迎えました。それではお一人ずつ、自己紹介とご家族についてご紹介をお願いします。

男 こんにちは。佐々木と申します。東京でサラリーマンをしています。私の家族は妻と子ども二人の四人家族です。田舎で私の母が一人暮らしをしているので、ときどき会いに行くのですが、東京に呼んだ方がよいか、悩んでいるところです。今日はよろし

くお願いします。

女 こんにちは。木村と申します。専業主婦です。家族は夫と私と息子の三人家族です。息子が来年結婚する予定で、それからはお嫁さんと一緒に住むつもりです。早く孫の顔が見たいなと思っています。

司会者 ありがとうございました。佐々木さんはお母様と一緒に暮らすことを考えていらっしゃるのですね。何が問題になっていますか。

男 母が東京に来たがらないんです。ずっと今住んでいる場所で暮らしてきましたから、友だちも多いし、死ぬまで今の家にいたいという気持ちが強いみたいです。でも母はもう高齢なので、これからの介護のことを考えると心配です。

司会者 なるほど。木村さんは息子さん夫婦と一緒に暮らす予定だそうですが、それは問題なく決まったんですか。

女 いいえ、本当は別に暮らした方がいいんじゃないの？って私たちは息子たちに言っていたんです。でも、お嫁さんも働いていて、共稼ぎなので、子どもができたらできるだけ家族が多い方がいいからって、息子たちにお願いされたんですよ。

司会者 そうなんですか。佐々木さんは介護、木村さんは子育ての面で家族の在り方を考えていらっしゃるのですね。それでは……。

사회자 오늘의 테마는 '가족'입니다. 오늘은 게스트 두 분을 모셨습니다. 그럼 한 분씩 자기소개와 가족에 대해 소개해 주시기 바랍니다.

남 안녕하세요. 사사키라고 합니다. 도쿄에서 샐러리맨으로 일하고 있습니다. 저희 가족은 아내와 두 아이들, 이렇게 4인 가족입니다. 시골에 저희 어머니가 혼자 살고 계셔서 가끔 뵈러 가는데, 도쿄로 모셔오는 것이 좋을지 고민하고 있습니다. 오늘 잘 부탁드립니다.

여 안녕하세요. 기무라라고 합니다. 전업주부입니다. 가족은 남편과 저, 아들 이렇게 3인 가족입니다. 아들이 내년에 결혼을 할 예정이어서 그 후에는 며느리와 같이 살 생각입니다. 빨리 손자의 얼굴이 보고 싶습니다.

사회자 감사합니다. 사사키 씨는 어머님과 함께 살 생각을 하고 계시는 군요. 무엇이 문제인가요?

남 어머니가 도쿄에 오고 싶어 하지 않으십니다. 쭉 지금 살고 계신 곳에서 살아오셨기때문에 친구들도 많고, 죽을 때까지 지금 집에 있고 싶은 마음이 강하신 모양입니다. 하지만 어머니는 이제 고령이셔서 앞으로 간호할 일을 생각하면 걱정입니다.

사회자 그렇군요. 기무라 씨는 아드님 부부와 같이 살 예정이라고 하셨는데, 그것은 문제 없이 결정되었나요?

여 아니요. 원래는 따로 사는 것이 좋지 않겠니? 라고 우리 부부는 아이들에게 말했습니다. 하지만 며느리도 일을 하고 있고, 맞벌이라서 아이가 생긴다면 가능한한 가족이 많은 편이 좋다고 아들 부부에게 부탁을 받았습니다.

사회자 그렇습니까. 사사키 씨는 간호, 기무라 씨는 양육 면에서 가족의 형태를 생각하고 계시는군요. 그럼…….

聞いてみよう2

　2013年に二十歳になる成人男女に対して、自分の人生観について調査した結果が発表されました。現在、3年以内に達成したい目標を持っているか質問したところ、82.8%が目標を持っていると答え、17.2%が持っていないと答えました。

　目標を持っていると答えた人たちに、どんな目標なのかを聞いたところ、「単位取得・卒業」が最も多く、次に「貯金」、「資格取得」、「就職」という回答が多くありました。男女別に比較すると、男性は「単位取得・卒業」が一番で「貯金」が三番目だったのに対し、女性は「貯金」が一番目でした。

　また、これから一番大切にしたい人は誰ですか、という質問をしたところ、52%の人が「家族」と答え、その次が「友だち」で21%、三番目に多かったのは「恋人」で13%でした。

　2013년에 스무살이 되는 성인남녀를 대상으로 자신의 인생관에 대해 조사한 결과가 발표되었습니다. 현재, 3년 이내에 달성하고 싶은 목표를 가지고 있는지 질문한 결과, 82.8%가 목표를 가지고 있다고 답했고, 17.2%가 가지고 있지 않다고 답했습니다.

　목표를 가지고 있다고 답한 사람들에게 어떤 목표인지를 물은 결과, '학점 취득·졸업'이 가장 많고, 다음으로 '저축', '자격 취득', '취직'이라는 대답이 많았습니다. 남녀별로 비교하면, 남자는 '학점 취득·졸업'이 가장 많고, '저축'이 세 번째였던 것에 비해, 여자는 '저축'이 첫 번째였습니다.

　또, 앞으로 가장 소중히 하고 싶은 사람은 누구입니까 라는 질문을 한 결과, 52%의 사람이 '가족'이라고 답했고, 그 다음이 '친구'로 21%, 세 번째로 많았던 대답이 '연인'으로 13%였습니다.

シャドーイングしてみよう

1回目

　2013年に / 二十歳になる / 成人男女に対して / 自分の人生観について / 調査した結果が / 発表されました。/ 現在、3年以内に / 達成したい / 目標を持っているか / 質問したところ、/ 80%以上の人が / 目標を持っていると / 答えました。

　2013년에 / 스무살이 되는 / 성인남녀를 대상으로 / 자신의 인생관에 대해 / 조사한 결과가 / 발표되었습니다. / 현재, / 3년 이내에 / 달성하고 싶은 / 목표를 가지고 있는지 / 질문한 결과, / 80% 이상의 사람이 / 목표를 가지고 있다고 / 답했습니다.

2回目

　2013年に二十歳になる成人男女に対して / 自分の人生観について調査した結果が / 発表されました。/ 現在、3年以内に達成したい目標を持っているか質問したところ、/ 80%以上の人が目標を持っていると答えました。

　2013년에 스무살이 되는 성인남녀를 대상으로 / 자신의 인생관에 대해 조사한 결과가 / 발표되었습니다. / 현재, 3년 이내에 달성하고 싶은 목표를 가지고 있는지 질문한 결과, / 80% 이상의 사람이 목표를 가지고 있다고 답했습니다.

3回目

　2013年に二十歳になる成人男女に対して自分の人生観について調査した結果が発表されました。/ 現在、3年以内に達成したい目標を持っているか質問したところ、80%以上の人が / 目標を持っていると答えました。

　2013년에 스무살이 되는 성인남녀를 대상으로 자신의 인생관에 대해 조사한 결과가 발표되었습니다. / 현재, 3년 이내에 달성하고 싶은 목표를 가지고 있는지 질문한 결과, 80% 이상의 사람이 / 목표를 가지고 있다고 답했습니다.

コラム

人生観を変えた出来事

　みなさんは、今までに自分の人生観を変えるような出来事がありましたか。日本では、2011年にあった東日本大震災を機に、人生観が変わった人たちが多くいます。震災が起こる前までは、高収入や社会での出世こそが一番大切であると考える人が多くいました。しかし、震災後には収入よりも家族の近くで働けることの方が大切であると考えたり、自分の仕事によって社会貢献したいと思う人の割合が増えました。また、震災後に結婚するカップルが増加するという現象も起こりました。東日本大震災を通じて、人々は他の人とのつながりの大切さに気付いたのでしょう。毎年、その年の世相を表す漢字一文字を選ぶ「今年の漢字」でも、2011年には「絆」という漢字が選ばれています。東日本大震災を機に変わった日本の人々の意識。それは、日本の社会をこれからどのように変えていくでしょうか。

인생관을 바꾼 사건

여러분은 지금까지 자신의 인생관을 바꿀 만한 사건이 있었습니까? 일본에서는 2011년에 있었던 동일본대지진을 계기로 인생관이 바뀐 사람들이 많이 있습니다. 지진이 일어나기 전까지는 고수입이나 사회에서 출세하는 것이 가장 중요하다고 생각하는 사람들이 많이 있었습니다. 그러나, 지진 후에는 수입보다도 가족과 가까운 곳에서 일할 수 있는 것이 중요하다고 생각하거나, 자신의 일로 사회에 공헌하고 싶다고 생각하는 사람의 비율이 늘었습니다. 또, 지진 후에 결혼하는 커플이 증가하는 현상도 일어났습니다. 동일본대지진을 통해서, 사람들은 다른 사람과의 연결고리의 중요함을 깨달은 것이겠죠. 매년, 그 해의 세태를 나타내는 한자 한 글자를 선정하는 '올해의 한자'에서도 2011년에는 '유대(絆)'라는 한자가 선정되었습니다. 동일본대지진을 계기로 바뀐 일본인들의 의식. 그것은 일본 사회를 앞으로 어떻게 변화시켜 갈까요.

02 学校と文化

ウォーミングアップ

1

① コアラのお守りがほしいんですが。
② 高校時代は、部活に打ち込んでいました。
③ 合格を願って食べる食べものって、いろいろありますよね。
④ 大学の附属高校に行こうと思っているんです。

  ① 코알라 부적이 갖고 싶은데요.
  ② 고등학교 때는 동아리 활동에 빠져 있었습니다.
  ③ 합격을 기원하며 먹는 음식에는 여러 가지가 있지요.
  ④ 대학교의 부속 고등학교에 가려고 생각하고 있습니다.

2

① **女** 今日はちょっと神社に寄って帰らなくちゃいけないんです。

男 受験のお守り、買いに行くんでしょう。
② **女** 高校に行ったら、何がしたい？
男 部活とか勉強以外のこともいろいろしてみたいな。
③ **女** 合格を願って食べる食べものって、いろいろありますよね。
男 そうですね。母にとんかつを作ってもらった思い出がありますよ。
④ **女** 娘に毎日納豆を食べさせているんです。
男 健康にいいし、値段も安いし、いいですよね。

  ① 여 오늘은 잠깐 신사에 들렀다 가야 해요.
    남 수험 부적 사러 가는 거죠?
  ② 여 고등학교에 가면 뭘 하고 싶어?
    남 동아리 활동이나, 공부 이외의 것도 여러 가지 해 보고 싶어.
  ③ 여 합격을 기원하며 먹는 음식에는 여러 가지가 있지요.
    남 맞아요. 어머니께서 돈가스를 만들어 주셨던 기억이 있어요.
  ④ 여 딸에게 매일 낫토를 먹이고 있어요.
    남 건강에도 좋고, 가격도 저렴하고, 좋네요.

聞いてみよう1

女 じゃ、お先に失礼します。
男 あれ、今日は早いですね。
女 ええ、今日はちょっと動物園に寄って帰らなくちゃいけないんです。
男 え、動物園ですか。あ、もしかしたらえりちゃんの受験のお守り、買いに行くんでしょう。
女 そうなんですよ。コアラのお守りがほしいからって頼まれて。
男 「木から落ちない」ですもんね。最近流行ってますよね。あ、そうだ。これ、よかったらどうぞ。
女 あ、このお菓子！これも受験生には欠かせないんですよね。
男 そうそう。確か九州の言葉で「きっと勝つ」のことを「きっとかっと」っていうんですよね。えりちゃんに頑張るようにって伝えてください。
女 すみません。ありがたくいただきます。
男 受験かぁ……。僕も受験の前の日に、母にとんかつを作ってもらった思い出がありますよ。あの時は大変だったけど懐かしいなぁ。
女 合格を願って食べる食べものって、いろいろありますよね。私は、粘り強くなるようにって、納豆を食べた記憶があります。娘にも毎日食べさせているんですよ。健康にもいいし、値段も安いし。あ、そろそろ出なくちゃ。

男 すみません。お引き止めしちゃって。
じゃ、お気をつけて。

女 はい、お先に失礼します。

여　그럼, 먼저 실례하겠습니다.

남　어, 오늘은 일찍 가시네요.

여　네, 오늘은 동물원에 좀 들렀다 가야해서요.

남　어, 동물원이요? 아, 혹시 에리양의 수험 부적 사러 가시는 거죠?

여　맞아요. 코알라 부적이 갖고 싶다고 부탁을 해서.

남　'나무에서 떨어지지 않'으니까요. 최근 유행이라죠.
아, 맞다. 이거 괜찮으시면 받아 주세요.

여　아, 이 과자! 이것도 수험생에게는 빼놓을 수 없는 거에요.

남　맞아요. 분명 규슈 말로 '반드시 합격한다'를 '킷토캇토'라고 한다죠. 에리양에게 힘내라고 전해 주세요.

여　고마워요. 고맙게 받을게요.

남　수험이라……. 저도 시험 전날 어머니가 돈가스를 만들어 주신 기억이 있어요. 그때는 힘들었지만 그립네.

여　합격을 기원하며 먹는 음식에는 여러 가지가 있죠. 저는 끈기있어 지라고 낫토를 먹은 기억이 있어요. 딸에게도 매일 먹이고 있구요. 건강에도 좋고, 가격도 저렴하고.
아, 슬슬 가야겠다.

남　죄송해요. 붙잡고 말았네요. 그럼 조심히 가세요.

여　네, 먼저 실례할게요.

聞いてみよう2

わが校は大学の附属高校ですので、附属推薦制度を利用すれば、そのまま進学することができます。大学受験の負担も減り、その分部活など勉強以外のことにも打ち込むことができ、有意義な高校生活を送ることができると言えるでしょう。また、大学の講義を体験できる「オープン講座」があるのも、わが校の特徴の一つです。
　国際化にも力を入れており、交流協定校であるアメリカの大学で行われる語学研修プログラムに参加することもできます。毎年春と夏の年2回、数十名の生徒が参加しています。
　校内は、自習室をはじめ、さまざまな施設が充実していて、学習を行うための素晴らしい環境が整っています。
　わが校は、笑顔の絶えない学校だと思います。素晴らしい仲間たちと過ごす毎日はとても楽しいで

すし、先生方もすごく熱心なので、この学校に来て、損はないと思います。

우리 학교는 대학교의 부속 고등학교이어서, 부속 추천제도를 이용하면 그대로 진학할 수가 있습니다. 대학 수험의 부담도 줄고, 그만큼 동아리 활동 등 공부 이외의 일에 몰두할 수 있어 의미있는 고교 생활을 보낼 수 있다고 할 수 있습니다. 또, 대학의 강의를 체험할 수 있는 '오픈강좌'가 있는 것도 우리 학교의 특징 중 하나입니다.

국제화에도 힘을 쏟고 있어, 교류협정교인 미국의 대학에서 실시하는 어학연수 프로그램에 참가할 수도 있습니다. 매년 봄과 여름 연 2회, 수 십명의 학생이 참가하고 있습니다.

교내에는 자습실을 비롯해, 다양한 시설이 충실하게 갖추어져 있어, 학습을 위한 훌륭한 환경이 정리되어 있습니다.

우리 학교는 웃음이 끊이지 않는 학교라고 생각합니다. 훌륭한 친구들과 지내는 매일은 아주 즐겁고, 선생님들도 무척 열심이셔서, 이 학교에 와서 손해를 보는 일은 없다고 생각합니다.

シャドーイングしてみよう

1回目

わが校は、/ 笑顔の / 絶えない / 学校だと思います。/ 素晴らしい / 仲間たちと / 過ごす / 毎日は / とても / 楽しいですし、/ 先生方も / すごく / 熱心なので、/ この学校に / 来て、損は / ないと / 思います。

우리 학교는 / 웃음이 / 끊이지 않는 / 학교라고 생각합니다. / 훌륭한 / 친구들과 / 지내는 매일은 / 아주 / 즐겁고, / 선생님들도 / 무척 / 열심이셔서, / 이 학교에 / 와서 / 손해를 보는 일은 / 없다고 / 생각합니다.

2回目

わが校は、/ 笑顔の絶えない / 学校だと思います。/ 素晴らしい仲間たちと / 過ごす 毎日は / とても楽しいですし、/ 先生方も / すごく熱心なので、/ この学校に来て、/ 損はないと / 思います。

우리 학교는 / 웃음이 끊이지 않는 / 학교라고 생각합니다. / 훌륭한 친구들과 / 지내는 매일은 / 아주 즐겁고, / 선생님들도 / 무척 열심이셔서, / 이 학교에 와서 / 손해를 보는 일은 없다고 / 생각합니다.

3回目

わが校は、/ 笑顔の絶えない学校だと思います。/ 素晴らしい仲間たちと過ごす 毎日は / とても楽しいですし、/ 先生方もすごく熱心なので、/ この学校に来て、損はないと思います。

우리 학교는 / 웃음이 끊이지 않는 학교라고 생각합니다. / 훌륭한 친구들과 지내는 매일은 / 아주 즐겁고, / 선생님들도 무척 열심이셔서,

/ 이 학교에 와서 손해를 보는 일은 없다고 생각합니다.

コラム

桜の季節

　春になると咲く桜の花。日本では、ニュースで桜の花が咲く時期を知らせます。このような花は他にはありません。つまり、桜は日本人にとって、他の花とは違う特別な花なのです。桜といえば、お花見をイメージする人も多いでしょう。各地に有名な桜の名所があり、桜が咲く季節には、多くの人が花見に出かけます。一方で、桜には、お花見の楽しい雰囲気とは違うイメージもあります。桜は、3月の終わりから4月の始めに咲きます。その時期はちょうど、卒業式や入学式の時期。3月に学期が終わり、4月から新学期が始まる日本では、終わりと始まりがいつも桜とともに訪れてきます。桜は、別れと新しい始まりを象徴する花でもあるのですね。

벚꽃의 계절

　봄이 되면 피는 벚꽃. 일본에서는 뉴스에서 벚꽃이 피는 시기를 알려 줍니다. 이러한 꽃은 달리 없습니다. 즉, 벚꽃은 일본인에게 있어 다른 꽃과는 다른 특별한 꽃인 것입니다. 벚꽃이라 하면 꽃구경을 떠올리는 사람도 많겠죠. 각지에 유명한 벚꽃 명소가 있어, 벚꽃이 피는 계절에는 많은 사람들이 꽃구경을 하러 찾습니다. 한편으로 벚꽃에는 꽃구경의 즐거운 분위기와는 다른 이미지도 있습니다. 벚꽃은 3월 말에서 4월 초에 핍니다. 그 시기는 마침 졸업식과 입학식의 시기. 3월에 학기가 끝나 4월부터 신학기가 시작되는 일본에서는, 끝과 시작이 언제나 벚꽃과 함께 찾아옵니다. 벚꽃은 헤어짐과 새로운 시작을 상징하는 꽃이기도 한 것이죠.

03 私の生活

ウォーミングアップ

1

① ずっと会社で働きたいです。
② いつか子どもを出産したいです。
③ 20代で結婚したいです。
④ 車を運転したいです。

　① 계속 회사에서 일을 하고 싶습니다.
　② 언젠가 아이를 출산하고 싶습니다.
　③ 20대에 결혼하고 싶습니다.
　④ 자동차를 운전하고 싶습니다.

2

① 男　独身のまま、好きなことをしていたいなぁ。
　女　それが一番楽かもしれないね。
② 男　理想のライフスタイルは？
　女　結婚して、子どもを育てながら働くことです。
③ 男　あ～、やってしまった！
　女　え？何か失敗したの？
④ 男　車の運転、始めたんですか。
　女　はい、仕事に必要なんです。

　① 남　독신인 채로 좋아하는 것을 하며 살고 싶어.
　　여　그게 가장 편할 지도 몰라.
　② 남　이상으로 생각하는 라이프 스타일은 무엇인가요?
　　여　결혼해서 아이를 키우며 일하는 것입니다.
　③ 남　아～ 이런 큰일 났다.
　　여　어? 뭐 실수했어?
　④ 남　자동차 운전 시작했어요?
　　여　네, 일하는데 필요하거든요.

聞いてみよう 1

司会者　今日のテーマは「あなたの理想のライフスタイルは？」です。ゲストはタレントのユキさんです。よろしくお願いします。

女　よろしくお願いします。

司会者　ユキさんは今20代でいらっしゃいますけれど、ご結婚を考えられたことはありますか。

女　そうですね。今は仕事が楽しくてしかたないので、結婚はまだですね。結婚しても仕事は続けていきたいなと思っています。

司会者　そうですか。今回、番組では20代から30代の女性300人に40代女性の理想のライフスタイルについてインタビューをしました。その結果をまとめたグラフがこれです！

女　一番多かった答えは、「結婚して子育てをしながらもバリバリと仕事をしていたい」ですね。

司会者　そうなんです。「結婚」、「出産」、「子育て」、「仕事」の全ての面において、充実しているライフスタイルを望んでいる女性が一番多かったんですね。二番目に多かったのは「独身で、仕事はがんばりすぎないで、好きなことをしていたい」という答えでした。

女　おもしろいですね。40代だったらそれまでずっと仕事をバリバリしてきた人はちょっと

休んで自分の趣味に時間をかけたいと思う
のかもしれませんね。えーと、三番目は。

司会者 三番目に多かったのは「結婚して専業主婦を
して、子育てをしていたい」という答えでし
た。これについて、ユキさんはどう思われ
ますか。

女 そうですねー、私の母親は専業主婦でした
が、私は小さい頃からずっと女性も仕事を
続けなさいと言われてきました。そのせい
か、大人になったら外で働くのが当たり前
だと思うようになっていて……、だからこ
れからもし結婚して子どもを持ったとして
も、仕事は続けるでしょうね。

司会者 なるほど。ユキさんの理想のライフスタイ
ルも見えてきましたね！

사회자　오늘의 테마는 '당신의 이상적인 라이프스타일은?'
입니다. 게스트는 탤런트 유키 씨입니다. 잘 부탁드
립니다.

여　잘 부탁드립니다.

사회자　유키 씨는 지금 20대이신데, 결혼을 생각하신 적이
있으신가요?

여　글쎄요, 지금은 일이 무척 즐거워서 결혼은 아직이
에요. 결혼해서도 일을 계속 해 가고 싶다고 생각하
고 있습니다.

사회자　그렇습니까. 이번 방송에서는 20대부터 30대 여성
300명에게 40대 여성의 이상적인 라이프 스타일에
대해 인터뷰를 했습니다. 그 결과를 정리한 그래프
가 이것입니다.

여　가장 많은 대답은 '결혼해서 아이를 기르면서 열심
히 일을 하고 싶다'네요.

사회자　그렇습니다. '결혼', '출산', '육아', '일'의 모든 면에
서 충실한 라이프스타일을 바라는 여성이 가장 많
았죠. 두 번째로 많은 것은 '독신으로 일을 적당히
하면서 좋아하는 일을 하며 살고 싶다'입니다.

여　흥미롭네요. 40대가 되면 그때까지 쭉 일을 열심히
해 온 사람은 조금 쉬면서 자신의 취미에 시간을 보
내고 싶다고 생각하는지도 모르겠네요. 음, 그리고
세 번째로는.

사회자　세 번째로 많았던 것은 '결혼해서 전업주부가 되어
아이를 기르고 싶다'는 대답이었습니다. 이것에 대
해 유키 씨는 어떻게 생각하세요?

여　글쎄요, 저는 어머니가 전업주부이셨는데, 저는 어
릴 때부터 쭉 여자도 일을 계속 하라고 들어왔습니
다. 그 때문인지 어른이 되면 밖에서 일을 하는 것
이 당연하다고 생각하게 되어서……, 그래서 앞으
로 만약 결혼해서 아이가 생긴다고 해도 일은 계속

하겠지요.

사회자　그렇군요. 유키 씨의 이상적인 라이프스타일도 알
게 되었네요.

聞いてみよう2

こんばんは。「日本語でラジオ」の時間です。今日
はラジオを聞いている方から「私のいたーい失敗」に
ついて体験談をたくさん送っていただきました。
ではまずお一人目の失敗談を紹介しますね。
　30代の主婦、ラジオネーム「くまこさん」からで
す。「やってしまいました！車の免許が切れている
のを6か月も気付かないでいて、免許が取り消しに
なってしまいました。1年前に出産をして、子育て
に一生懸命で免許のことを忘れていたことと、引っ越
しをして免許センターから連絡のはがきが届かな
かったことが原因です。もう一度筆記試験と車の
運転の試験を受けなければなりません。あと2か月
で仕事にもどることになっているので時間がありま
せん。何をするにも車がないと不便な場所に住ん
でいるので、今回の失敗は本当にショックです！」
……ということなんですが、ああ、これは本当に
ショックですね〜。免許をとるためには時間もお金
もかかりますからね。試験、頑張ってくださいね！
それでは次の方の失敗談です……。

안녕하세요. '일본어로 라디오'시간입니다. 오늘은 라디오를 듣고
계시는 분들이 '나의 아픈 실수'에 대해 경험담을 잔뜩 보내 주셨습니
다. 그럼 우선 첫 번째 분의 실패담을 소개하겠습니다.

30대의 주부, 닉네임 '구마코 씨'로부터입니다. "저질러 버렸습니
다! 자동차 면허가 지난 것을 6개월이나 모르고 지내다 면허가 취소
되고 말았습니다. 1년 전에 출산을 하고 육아에 열중하느라 면허에
대해 잊고 지낸 것과, 이사를 해서 면허 센터로부터 알림 엽서가 도착
하지 않은 것이 원인입니다. 다시 한 번 필기시험과 자동차 운전 시험
을 봐야 합니다. 앞으로 두 달 후에 일도 복귀하기 때문에 시간이 없
습니다. 무슨 일을 하려 해도 자동차가 없으면 불편한 곳에 살고 있어
서 이번 실수는 정말 충격입니다!"라는 이야기인데요, 아, 이거 정말
충격이네요~ 면허를 따기 위해서는 시간도 돈도 드니까요. 시험, 힘
내세요! 그럼 다음 분의 실패담입니다…….

シャドーイングしてみよう

1回目

車の免許が / 切れているのを / 6か月も / 気付かないでいて、/ 免許が / 取り消しになってしまいました。/ 1年前に / 出産をして、/ 子育てに / 一生懸命で / 免許のことを / 忘れていたことと、/ 引っ越しをして / 免許センターから / 連絡のはがきが / 届かなかったことが / 原因です。

자동차 면허가 / 지난 것을 / 6개월이나 / 모르고 지내다 / 면허가 / 취소되고 말았습니다. / 1년 전에 / 출산을 하고 / 육아에 / 열중하느라 / 면허에 대해 / 잊고 지낸 것과, / 이사를 해서 / 면허 센터로부터 / 알림 엽서가 / 도착하지 않은 것이 / 원인입니다.

2回目

車の免許が切れているのを / 6か月も気付かないでいて、/ 免許が取り消しになってしまいました。/ 1年前に出産をして、/ 子育てに一生懸命で / 免許のことを忘れていたことと、/ 引っ越しをして免許センターから / 連絡のはがきが届かなかったことが / 原因です。

자동차 면허가 지난 것을 / 6개월이나 모르고 지내다 / 면허가 취소되고 말았습니다. / 1년 전에 출산을 하고 / 육아에 열중하느라 / 면허에 대해 잊고 지낸 것과, / 이사를 해서 면허 센터로부터 / 알림 엽서가 도착하지 않은 것이 / 원인입니다.

3回目

車の免許が切れているのを6か月も気付かないでいて、/ 免許が取り消しになってしまいました。/ 1年前に出産をして、/ 子育てに一生懸命で免許のことを忘れていたことと、/ 引っ越しをして免許センターから連絡のはがきが届かなかったことが原因です。

자동차 면허가 지난 것을 6개월이나 모르고 지내다 / 면허가 취소되고 말았습니다. / 1년 전에 출산을 하고 / 육아에 열중하느라 면허에 대해 잊고 지낸 것과, / 이사를 해서 면허 센터로부터 알림 엽서가 도착하지 않은 것이 원인입니다.

コラム

失敗を学問する？

日本語には「失敗は成功のもと」という言葉があります。このように創造、進歩に失敗は必ず付いてくるものという考えには多くの人が賛成するでしょう。しかし、「失敗学」という学問を聞いたことのある人は、あまり多くないかもしれません。失敗を学問するというのは、どういうことなのでしょうか。失敗学という言葉を作ったのは、東京大学名誉教授の畑村洋太郎氏です。2000年に『失敗学のすすめ』という本を発行し、ベストセラーになりました。畑村さんは、失敗学とは起きてしまった失敗を生かすための、ポジティブな学問だとおっしゃっています。日本人は失敗を恥と、マイナスに考える傾向が強く、それが失敗を隠し、次の成功に生かすことができない傾向があるとも言われています。失敗学が広がることで、どんな時も失敗を避けたり、恥だと考えたりする文化が変わっていくことが期待されます。日常生活に起こる小さな失敗も、ポジティブに考える、そんな考え方を身につけたいですね。

실패를 학문하다？

일본어에는 '실패는 성공의 바탕'이라는 말이 있습니다. 이렇게 창조, 진보에는 실패가 반드시 따라온다고 하는 생각에는 많은 사람들이 찬성할 것입니다. 그러나, '실패학'이라고 하는 학문을 들어본 적이 있는 사람은 그다지 많지 않을지도 모릅니다. 실패를 학문한다는 것은 무엇일까요. 실패학이라는 말을 만든 것은 도쿄대학 명예교수인 하타무라 요타로 씨입니다. 2000년에 『실패학 추천』이라는 책을 발행해 베스트셀러가 되었습니다. 하타무라 씨는, 실패학이란 일어나버린 실패를 살리기 위한 긍정적인 학문이라고 말하고 있습니다. 일본인은 실패를 부끄러움으로, 부정적이게 생각하는 경향이 강해, 그것이 실패를 감춰 다음의 성공으로 살리지 못하는 경향이 있다는 얘기를 듣곤 합니다. 실패학이 널리 퍼지므로써 어떤 상황이든 실패를 피하거나, 부끄럽게 생각하거나 하는 문화가 바뀌어 갈 것이 기대됩니다. 일상생활에서 일어나는 작은 실수도 긍정적으로 생각하는, 그런 사고방식을 익히고 싶군요.

04 食と文化

ウォーミングアップ

1

① フライパンで天ぷらを作ります。
② かき揚げの天ぷらを作りましょう。
③ インスタント食品中心の食事は体に良くないです。
④ 和食はユネスコの無形文化遺産になりました。

　① 프라이팬으로 튀김을 만듭니다.
　② 야채 튀김을 만듭시다.
　③ 인스턴트 식품 중심의 식사는 몸에 좋지 않습니다.
　④ 일식은 유네스코 무형문화유산이 되었습니다.

2

① **女** 最近の若者は、食生活にどのような問題があるのでしょうか。
男 最近、味が分からない若者が増えているんですよ。

② **女** 天ぷらがなかなか上手にできないんですよ。
男 さくっと揚げるのは、なかなか難しいですよね。

③ **女** 若者は和食を食べていない傾向にあるのでしょうか。
男 そうですね。そういう傾向にあると言えると思います。

④ **女** 油はどれ位入れればいいですか。
男 そうですね。フライパンに1センチ位入れてください。

　① 여 최근 젊은이들은 식생활에 어떤 문제가 있나요?
　　남 최근 맛을 모르는 젊은이들이 늘어나고 있습니다.
　② 여 튀김이 좀처럼 잘 안되요.
　　남 바삭하게 튀기는 것이 좀처럼 어렵지요.
　③ 여 젊은이들은 일식을 좀처럼 먹지 않는 경향이 있습니까?
　　남 그렇습니다. 그런 경향이 있다고 말할 수 있습니다.
　④ 여 기름은 어느 정도 넣으면 되나요?
　　남 네, 프라이팬에 1센치 정도 넣어 주세요.

聞いてみよう1

司会者 今朝のテーマは、「若者の食生活」について。ゲストコメンテーターに、大和大学の田中宏樹先生をお迎えしております。先生、よろしくお願いいたします。
男 はい、よろしくお願いいたします。

司会者 あの、先生、最近の若者の食生活にどのような問題があるのでしょうか。
男 はい、最近、味が分からない若者が増えているんですよ。
司会者 味が分からない、とおっしゃいますと。
男 詳しく言いますと、「味覚障害」の若者が増えているんです。味覚障害とは、味を正確に感じることができない病気のことです。
司会者 それは、大変なことですね。でも、どうして味覚障害になる若者が増えているんですか。
男 それは、偏った食生活が原因となっています。味覚障害になる若者の多くは、インスタント食品中心の食事をしたり、お菓子を食事代わりに食べたりしているんですよ。
司会者 それは、体に悪そうですね。でも先生、「和食」がユネスコの無形文化遺産に登録されたじゃないですか。それなのに、その国の若者が和食を食べていない傾向にあるということなのでしょうか。
男 ええ、そういう傾向にあると言えると思います。
司会者 なるほど。

사회자 오늘 아침의 테마는 '젊은이들의 식생활'에 대해서. 게스트로 야마토대학의 다나카 히로키 선생님을 모셨습니다. 선생님, 잘 부탁드립니다.
남 네, 잘 부탁드리겠습니다.
사회자 저, 선생님, 최근 젊은이들이 식생활에 어떤 문제가 있을까요?
남 네, 최근 맛을 모르는 젊은이들이 늘어나고 있습니다.
사회자 맛을 모른다고 하시면.
남 자세히 말하면 '미각장애'인 젊은이가 늘어나고 있습니다. 미각장애란 맛을 정확이 느끼지 못하는 병을 말합니다.
사회자 그거 큰일이군요. 하지만, 어째서 미각장애가 되는 젊은이가 늘어나고 있는 건가요?
남 그것은 편중된 식생활이 원인입니다. 미각장애가 되는 젊은이들의 대부분은 인스턴트 식품 중심의 식사를 하거나, 과자를 식사 대신 먹거나 하고 있습니다.
사회자 그것은 몸에 좋지 않겠네요. 하지만 선생님, '일식'이 유네스코 무형문화유산으로 등록되지 않았습니까. 그런데 그 나라의 젊은이가 일식을 먹지 않는 경향이 있다는 말씀이신가요?
남 네, 그런 경향이 있다고 말할 수 있습니다.
사회자 그렇군요.

聞いてみよう 2

　お料理にチャレンジ！のコーナーです。さて、今日のお悩みは、神奈川県の30代「かきあげさん」からのお便りです。「かき揚げが好きなのですが、なかなか上手にできません。簡単でおいしいかき揚げの作り方を教えてください。」なるほど、かき揚げというと、なかなかさくっと揚がらないとか、中まで火が通らないなど、お悩みの方も多いようですね。

　今日は簡単でおいしいかき揚げの作り方をご紹介します。まず、材料ですが、今日はシンプルに、玉ねぎと桜えび、それから小麦粉だけです。まず、玉ねぎ小一つを5ミリ程度に小さく切ります。それをボールに入れて、さらに桜えびを入れます。桜えびは好きなだけ入れてください。そこに小麦粉を大さじ4と水を大さじ3入れて全体を混ぜます。だいたいよく混ざったら、それを揚げるのですが、今日はフライパンを使います。油を1センチ位入れて、火にかけます。そしてかき揚げのたねを入れます。2分位揚げて、少しきつね色になってきたら裏返して更に2分位揚げると出来上がりです。ね？簡単でしょう？かきあげさん、ぜひ試してみてくださいね！

　요리 도전! 코너입니다. 그럼, 오늘의 고민은 가나가와현의 30대 ‘야채튀김 씨’가 보내주신 사연입니다. “야채튀김을 좋아하는데 좀처럼 잘 만들어지지 않습니다. 간단하고 맛있는 야채튀김 만드는 법을 알려 주세요.” 그렇군요, 야채튀김하면 좀처럼 바삭하게 튀겨지지 않는다든지, 속까지 익지 않는 등 고민인 분들이 많으시죠.

　오늘은 간단하고 맛있는 야채튀김을 만드는 법을 소개하겠습니다. 우선, 재료인데요, 오늘은 간단하게 양파와 말린 새우, 그리고 밀가루뿐입니다. 먼저 양파 작은 것 하나를 5밀리 정도로 작게 자릅니다. 그것을 볼에 담고 거기다 말린 새우를 넣습니다. 말린 새우는 좋아하는 만큼 넣어 주세요. 거기에 밀가루 4큰술과 물을 3큰술 넣어 전체를 섞습니다. 대체로 잘 섞였으면 그것을 튀기는데, 오늘은 프라이팬을 사용하겠습니다. 기름을 1센치 정도 넣고 불에 올립니다. 그리고 야채튀김 반죽을 넣습니다. 2분 정도 튀기고 얼핏 갈색이 돌기 시작하면 뒤집어서 다시 2분 정도 튀기면 완성입니다. 어때요? 간단하죠? 야채튀김 씨, 꼭 해 보세요!

シャドーイングしてみよう

1回目

　まず、/ 玉ねぎ小一つを / 5ミリ程度に / 小さく / 切ります。/ それを / ボールに / 入れて、さらに / 桜えびを / 入れます。/ 桜えびは / 好きなだけ / 入れてくだ

　さい。/ そこに / 小麦粉を / 大さじ4と / 水を / 大さじ3入れて / 全体を / 混ぜます。

먼저 / 양파 작은 것 하나를 / 5밀리 정도로 / 작게 / 자릅니다. / 그것을 / 볼에 / 담고 / 거기다 / 말린 새우를 / 넣습니다. 말린 새우는 / 좋아하는 만큼 / 넣어 주세요. / 거기에 / 밀가루 / 4큰술과 / 물을 / 3큰술 넣어 / 전체를 / 섞습니다.

2回目

　まず、玉ねぎ小一つを / 5ミリ程度に / 小さく切ります。/ それを / ボールに入れて、さらに / 桜えびを入れます。/ 桜えびは / 好きなだけ入れてください。/ そこに / 小麦粉を大さじ4と / 水を大さじ3入れて / 全体を混ぜます。

먼저 / 양파 작은 것 하나를 / 5밀리 정도로 / 작게 자릅니다. / 그것을 / 볼에 담고 / 거기다 말린 새우를 넣습니다. / 말린 새우는 / 좋아하는 만큼 넣어 주세요. / 거기에 / 밀가루 4큰술과 / 물을 3큰술 넣어 / 전체를 섞습니다.

3回目

　まず、/ 玉ねぎ小一つを / 5ミリ程度に小さく切ります。/ それをボールに入れて、/ さらに桜えびを入れます。/ 桜えびは好きなだけ入れてください。/ そこに / 小麦粉を大さじ4と / 水を大さじ3入れて / 全体を混ぜます。

먼저 / 양파 작은 것 하나를 / 5밀리 정도로 작게 자릅니다. / 그것을 볼에 담고 / 거기다 말린 새우를 넣습니다. / 말린 새우는 좋아하는 만큼 넣어 주세요. / 거기에 / 밀가루 4큰술과 / 물을 3큰술 넣어 / 전체를 섞습니다.

コラム

日本のB級グルメを楽しもう！

　みなさんは、「B級グルメ」という言葉を聞いたことがありますか。安くて、気軽に食べられる食べもののことです。例えば、ラーメンややきそば、コロッケや餃子などが、B級グルメです。全国各地に、いろいろなB級グルメがあります。2006年から、B級グルメの日本一を決める「B－1グランプリ」も開かれています。「B－1グランプリ」には、毎年、全国からたくさんのB級グルメが集まります。2013年には、福島県の「なみえやきそば」がグランプリとなりました。旅行の楽しみ方はいろいろあると思いますが、たまには、安くておいしいB級グルメを楽し

む<ruby>旅<rt>たび</rt></ruby>をしてみてもいいかもしれませんね。

일본의 B급 맛집을 즐기자!

여러분은 'B급 맛집'이라는 말을 들어본 적이 있습니까? 값이 싸고 가볍게 먹을 수 있는 음식을 말합니다. 예를 들면, 라면이나 볶음국수, 고로케나 만두 등이 B급 맛집입니다. 전국 각지에 다양한 B급 맛집이 있습니다. 2006년부터 B급 맛집 중에서 일본 제일을 결정하는 'B1 그랑프리'도 개최되고 있습니다. 'B1 그랑프리'에는 매년, 전국에서 많은 B급 맛집들이 모입니다. 2013년에는 후쿠시마현의 '나미에 볶음국수'가 그랑프리를 차지했습니다. 여행을 즐기는 방법은 여러가지가 있다고 생각하지만, 가끔은 싸고 맛있는 B급 맛집을 즐기는 여행을 해 보는 것도 좋지 않을까요.

05 ファッション文化

ウォーミングアップ

1

① ショールをはおります。
② スーツを着ます。
③ ノースリーブを着ます。
④ ワンピースを着ます。

　① 숄을 걸칩니다.
　② 정장을 입습니다.
　③ 민소매를 입습니다.
　④ 원피스를 입습니다.

2

① **男** 結婚披露宴に着て行く服は、決めましたか。
　女 黒いノースリーブのワンピースにショールをはおるつもりです。
② **女** そのネクタイ、似合っていますね。
　男 どうも。この模様と色が気に入って買ったんです。
③ **女** この着物、実は母の着物のリサイクルなんだ。
　男 えー、そうは見えないね。新品かと思った。
④ **女** 民族衣装は、どんな時に着ていますか。
　男 結婚式やお葬式などの行事がある時に着ています。

　① 남 결혼 피로연에 입고 갈 옷은 정했어요?
　　여 검은 민소매 원피스에 숄을 걸칠 예정이에요.
　② 여 그 넥타이, 잘 어울리네요.
　　남 고마워요. 이 모양과 색깔이 마음에 들어 샀어요.
　③ 여 이 기모노, 사실은 엄마의 기모노를 재활용한 거야.
　　남 설마, 그렇게 안보여. 새 것인줄 알았어.
　④ 여 민족의상은 어느 때에 입나요?

남 결혼식이나 장례식 등의 행사가 있을 때 입습니다.

聞いてみよう 1

男 佐々木さん、ちょっといいですか。相談があるんですけれど。

女 はい、いいですよ。何ですか。

男 実は、来月友人の結婚式に招待されて、夫婦で出席することになったんですが、両方日本での披露宴に出席するのは初めてで、どんな服装をして行けばいいのか悩んでいるんです。

女 男性は黒のスーツに白のネクタイを締めるのが普通だと思うんですけれど。

男 白のネクタイですか……。持っていないなぁ。他の色ではだめですか。

女 シルバーでもいいと思いますよ。黒はお葬式に出席する時のネクタイの色なので模様があってもやめた方がいいです。

男 そうですか……。女性はどうですか。

女 ドレスとかワンピース、スーツを着る人が多いと思いますよ。白い色は新婦の色なので、白い服装はやめた方がいいです。それから、そうですね〜、昼の場合は、肌をあまり出さない方がいいそうですよ。ノースリーブの服を着たら、ショールをはおった方がいいですね。

男 なるほど。あの、韓国の民族衣装はだめですか。

女 そうですね〜、華やかでもあまり目立ちすぎないように気を付けるのがマナーだと思うので、どうでしょう、う〜ん。

男 そうですよね……。

女 結婚式とかパーティーのための服装を貸してくれるお店もありますよ。わざわざ買うのはもったいないと思う時には私もレンタルすることがあります。

男 ああ、それはいいですね。きっと似合うものが見つかるでしょうね。

女 ええ、私がときどき利用するお店を教えましょうか。

男 はい、お願いします。

남 사사키 씨, 잠깐 괜찮아요? 상담할 것이 있어서요.

여 네, 괜찮아요. 무슨 일이에요?

남 실은, 다음달에 친구의 결혼식에 초대를 받아서 부부끼리 참석하기로 했는데, 둘 다 일본에서의 피로연에 참석하는 것은 처음이라서, 어떤 복장을 하면 좋을지 고민하고 있어요.

여　남자는 검은 정장에 흰 넥타이를 매는 것이 보통이라고 생각하는데요.

남　흰 넥타이요……. 없는데. 다른 색은 안되나요?

여　은색도 괜찮다고 생각해요. 검은색은 장례식에 참석할 때 매는 넥타이의 색이니까 무늬가 있어도 하지 않는 편이 좋아요.

남　그런가요. 여자는 어떤가요?

여　드레스나 원피스, 정장을 입는 사람이 많다고 생각해요. 흰색은 신부의 색이니까 흰 복장은 삼가는 것이 좋아요. 그리고 맞아요. 낮인 경우에는 피부를 그다지 드러내지 않는 것이 좋다고 해요. 민소매의 옷을 입었다면 숄을 두르는 편이 좋아요.

남　그렇군요. 저, 한국의 민족의상은 안될까요?

여　글쎄요, 화려하면서도 그다지 눈에 띄지 않도록 주의하는 것이 매너라고 생각하는데, 어떨까요. 음~

남　그런가요…….

여　결혼식이나 파티를 위해서 옷을 빌려 주는 가게도 있어요. 일부러 사는 것은 아깝다고 생각될 때에는 저도 빌리기도 해요.

남　아, 그거 좋겠네요. 꼭 어울리는 것을 찾을 수 있겠죠.

여　네, 내가 가끔 이용하는 가게를 알려줄까요?

남　네, 부탁합니다.

聞いてみよう2

日本の伝統文化の一つである着物ですが、実は着物はあまり売れない傾向にありました。しかし、最近では着物が徐々に売れるようになってきているということです。

その理由としては若い人たちが気軽に着物を着るようになったことがあると言います。着物を着て友だちとカフェでお茶を飲んだり、買いものをしたり、日常的に着物を着る若い人が増えているのです。

そのような着物を楽しむ人たちにその理由を尋ねると、「祖母にもらった着物をずっと着たいと思っていたから」、「着物を着ると日本人という気持ちが強くなって、自分らしくいられる」などのコメントが得られました。

若者がよく集まるファッションビルの中にも着物専門店ができ、お客の80％が20代から30代の若者だと言います。その理由は値段にありました。そのお店で売られている着物はほとんど1万円以下だったのです。実は、これらの着物はすべてリサイクルの商品で、新品ではないことからこのような値段で売ることができたのです。

着物は高級品で値段が高いというイメージがあり、これまで若い人たちはなかなか気軽に楽しむことができませんでした。しかし、こうした着物のリサイクルが一般的になることによって、着物文化が若い人たちにも十分楽しめるものになってきたようです。

일본의 전통문화 중 하나인 기모노입니다만, 사실 이러한 기모노는 그다지 팔리지 않는 경향이 있었습니다. 그러나, 최근에는 기모노가 서서히 팔리게 되었다고 합니다.

그 이유로는 젊은 사람들이 가볍게 기모노를 입을 수 있게 된 일이 있다고 합니다. 기모노를 입고 친구들과 카페에서 차를 마시거나 쇼핑을 하거나, 일상적으로 기모노를 입는 젊은 사람들이 늘어나고 있습니다.

그러한 기모노를 즐기는 사람들에게 그 이유를 묻자, '할머니께 받은 기모노를 쭉 입고 싶다고 생각해 왔기 때문에', '기모노를 입으면 일본인이라는 마음이 강하게 들어 자신답게 있을 수 있다' 등의 대답을 얻었습니다.

젊은이들이 많이 모이는 쇼핑몰에도 기모노 전문점이 생기고, 손님의 80%가 20대에서 30대의 젊은이라고 합니다. 그 이유는 가격에 있었습니다. 그 가게에서 팔고 있는 기모노는 대부분 1만엔 이하였던 것입니다. 실은 이러한 기모노는 전부 재활용 상품으로, 새것이 아니라는 점에서 이러한 가격으로 팔 수가 있었던 것입니다.

기모노는 고급품으로 가격이 비싸다는 이미지가 있어, 지금까지 젊은 사람들은 좀처럼 가볍게 즐길 수가 없었습니다. 그러나, 이러한 기모노의 재활용이 일반적으로 됨으로써 기모노 문화가 젊은이들에게도 충분히 즐길 수 있는 것이 된 듯 합니다.

シャドーイングしてみよう

1回目

日本の / 伝統文化の / 一つである / 着物ですが、/ 実は / こうした / 着物は / あまり売れない / 傾向に / ありました。/ しかし、/ 最近では / 着物が / 徐々に / 売れるように / なってきている / ということです。/ その理由としては / 若い人たちが / 気軽に / 着物を / 着るように / なったことが / あると言います。

일본의 / 전통문화 중 / 하나인 / 기모노입니다만, / 사실 / 이러한 / 기모노는 / 그다지 팔리지 않는 / 경향이 / 있었습니다. / 그러나, / 최근에는 / 기모노가 / 서서히 / 팔리게 / 되었다 / 고 합니다. / 그 이유로는 / 젊은 사람들이 / 가볍게 / 기모노를 / 입을 수 있게 / 된 일이 / 있다고 합니다.

2回目

日本の伝統文化の / 一つである着物ですが、/ 実は / こうした着物は / あまり売れない傾向に / ありました。/ しかし、/ 最近では着物が / 徐々に売れるように

なってきている / ということです。/ その理由として
は / 若い人たちが気軽に / 着物を着るようになった
ことが / あると言います。

일본의 전통문화 중 / 하나인 기모노입니다만, / 사실 / 이러한 기모
노는 / 그다지 팔리지 않는 경향이 / 있었습니다. / 그러나, / 최근에
는 기모노가 / 서서히 팔리게 되었다 / 고 합니다. / 그 이유로는 / 젊
은 사람들이 가볍게 / 기모노를 입을 수 있게 된 일이 / 있다고 합니다.

3回目

日本の伝統文化の一つである着物ですが、/ 実は
こうした着物は / あまり売れない傾向にありまし
た。/ しかし、/ 最近では着物が徐々に売れるように
なってきているということです。/ その理由として
は若い人たちが気軽に着物を着るようになったこと
があると言います。

일본의 전통문화 중 하나인 기모노입니다만, / 사실 이러한 기모노는
/ 그다지 팔리지 않는 경향이 있었습니다. / 그러나, / 최근에는 기모
노가 서서히 팔리게 되었다고 합니다. / 그 이유로는 젊은 사람들이
가볍게 기모노를 입을 수 있게 된 일이 있다고 합니다.

コラム

リサイクル？リメイク？

「着物をリサイクルする」と「着物をリメイクする」
では、何が同じで何が違うでしょうか。そう、着物
を再活用する、という点では同じです。しかし、
「着物をリサイクルする」は、以前着られていた着
物をきれいな状態にして、もう一度そのデザインの
まま着るという意味ですが、「着物をリメイクする」
は、同じデザインの着物ではなくなって再活用され
ているという意味です。もともとあった着物を、現
代風の洋服やバッグやマフラー、傘などに「作りな
おす」というニュアンスになります。着物は絹で作
られ、素材がしっかりとした美しいものが多いの
で、簡単におしゃれな作品に生まれ変わることがで
きるのです。裁縫が趣味である人の中には、祖母や
母から譲られた着物でスーツやワンピースなどを
作って自分で着て楽しんだり、ネットなどで販売し
たりしている人も多くいます。思い出の着物を大切
にし、現代の生活に生かす方法として人気のある方
法なのです。

재활용? 재생산?

'기모노를 재활용하는 것'과 '기모노를 재생산하는 것'은 무엇이 같
고 무엇이 다를까요? 네, 기모노를 재활용한다는 점에서는 같습니다.
그러나 '기모노를 재활용하는 것'은 이전에 입던 기모노를 깨끗한 상
태로 해서 다시 한번 그 디자인대로 입는 것을 의미하지만, '기모노를
재생산하는 것'은 같은 디자인의 기모노가 아니게 해서 재활용하는
것을 의미합니다. 원래부터 있던 기모노를 현대풍의 양복이나 가방,
머플러, 우산 등으로 '다시 만든다'고 하는 뉘앙스가 됩니다. 기모노는
비단으로 만들어져, 소재가 튼튼하고 아름다운 것이 많아서 간단하게
멋진 작품으로 다시 태어날 수 있는 것입니다. 재봉이 취미인 사람 중
에는 할머니나 어머니에게 물려 받은 기모노로 정장이나 원피스 등을
만들어 스스로 입고 즐기거나, 인터넷으로 판매하거나 하는 사람도
많습니다. 추억의 기모노를 소중히 하고, 현대 생활에 활용하는 방법
으로 인기있는 방법입니다.

06 住まいと文化

ウォーミングアップ

1

① ユニットバスとトイレとお風呂が分かれている
のと、どちらがいいですか。
② キッチンでパーティーをする場合の注意点です。
③ ベランダで煙草を吸わないでください。
④ 畳よりフローリングの方が好きですね。

　① 욕실과 화장실 일체형과 나눠져 있는 것 중 어느 쪽이 좋습니까?
　② 부엌에서 파티를 할 경우의 주의점입니다.
　③ 베란다에서 담배를 피우지 마세요.
　④ 다다미보다 마루 바닥인 쪽이 좋습니다.

2

① 女 アパートを借りる時、どんなポイントで選べば
いいでしょうか。
　男 まずは、やっぱり南向きのお部屋をおすすめ
します。
② 女 靴を履いたまま、部屋に入ってもいいですか。
　男 申し訳ありません。
各部屋の中は土足厳禁です。
③ 女 和室がお好きということですが、おすすめの
ポイントは。
　男 畳の上にごろんと横になれることですね。
④ 女 寮で生活をする時、どんな点に気を付けたら
いいですか。
　男 まずは、他人の迷惑にならないように気を付

けた方がいいですよ。

① 여 아파트를 빌릴 때, 어떤 기준으로 고르면 좋을까요?
남 우선, 역시 남향인 방을 추천합니다.

② 여 신발을 신은 채로 방에 들어가도 되나요?
남 죄송합니다. 각 방 안은 신발을 신은 채로 들어가면 안 됩니다.

③ 여 일본식 방을 좋아하신다고 하셨는데, 추천할 점은 무엇인가요?
남 다다미 위에 누워 뒹굴거리는 것이요.

④ 여 기숙사에서 생활할 때, 어떤 점에 주의해야 할까요?
남 우선은, 타인에게 폐를 끼치지 않도록 신경을 쓰는 것이 좋아요.

聞いてみよう1

司会者 みなさん、こんにちは。「お昼はわいわいワイド」の時間です。今日も、皆さんから来たたくさんのご質問、ご相談にお答えしていきたいと思います。今日のゲストは、女優の高橋あきこさんです！

女 こんにちは。よろしくお願いいたします。

司会者 よろしくお願いいたします。じゃあ、早速、最初のお便り、行ってみましょうか。ペンネーム「やどかりさん」からのお便りです。「初めて一人暮らしをすることになりました。アパートを借りなければならないんですが、どんなポイントで選べばいいかよく分かりません。北村さん、アドバイスをお願いします。」ということですが、物件を選ぶ時のポイントですね。うーん、そうですね。まずはやっぱり南向きのお部屋をおすすめしますね。ゲストの高橋さんはいかがですか。

女 ええ、私も今一人暮らしをしていて、やっぱり南向きの部屋を選びました。日当たりがよくて、洗濯物もよく乾くから、いいですね。

司会者 そうですか。南向き以外で部屋を選ぶ時のポイントって何かありますか。

女 私の場合は、やっぱりトイレとお風呂が別の物件にこだわりました。

司会者 ほう、なるほど。トイレとお風呂が別の物件も、人気がありますよね。

女 ええ、そうなんですよね。私、お風呂が大好きで、できるだけ気持ちよくお風呂に入

れる物件を探しました。

司会者 ユニットバスか、そうでないかも選ぶポイントの一つになりますね。他には、そうそう、和室か洋室かって好みがありますよね。

女 そうですよね。私は和室が好きなんですけど、北村さんは？

司会者 僕は、洋室が好きなんですよ。洋室って、掃除が楽じゃないですか。ほこりが落ちているとすぐに分かるし。で、高橋さんは和室が好きということですが、おすすめのポイントは？

女 畳の上にごろんと横になれることですね。あれ、気持ちいいんですよ。

司会者 あ、確かにあれは、いいですよね。冬に、こたつに入ってごろんと横になるのも、フローリングよりも畳の方が気持ちいいですよね。高橋さんは今のお宅は畳ですか。

女 それが、残念なことにフローリングなんですよ。今度引っ越す時には、ぜひ畳のお部屋があるおうちにしたいです。

司会者 そうですか。やどかりさん、参考になったでしょうか。いい部屋が見つかるといいですね。さて、続いてのお便りです。

사회자 여러분, 안녕하세요. '낮에는 시골시골 와이드' 시간입니다. 오늘도 여러분으로부터 온 많은 질문, 상담에 답해 드리겠습니다. 오늘의 게스트는 여배우 다카하시 아키코 씨입니다.

여 안녕하세요. 잘 부탁드리겠습니다.

사회자 잘 부탁드리겠습니다. 그럼, 바로 첫 사연 소개할까요. 닉네임 '방빌리기님'의 사연입니다. "처음으로 혼자 살게 되었습니다. 아파트를 빌려야 하는데, 어떤 기준으로 고르면 좋을지 잘 모르겠습니다. 기타무라 씨, 조언 부탁드립니다."라고 하는데요, 방을 고를 때의 포인트말이군요. 음 글쎄요. 우선은 역시 남향인 방을 추천합니다. 게스트인 다카하시 씨는 어떠신가요?

여 네, 저도 지금 혼자 살고 있는데, 역시 남향인 방을 골랐습니다. 볕이 잘 들어서 세탁물도 잘 마르고 좋아요.

사회자 그런가요. 남향 외에도 방을 고를 때의 포인트란 무엇이 있나요?

여 저의 경우, 역시 화장실과 욕실이 따로인 방을 고릅니다.

사회자 호, 과연. 화장실과 욕실이 따로인 방도 인기가 있지요.

여　네, 맞죠. 저는 목욕을 좋아해서 가능한한 기분 좋게 목욕을 할 수 있는 방을 찾았습니다.

사회자　욕실과 화장실이 일체형인지 그렇지 않은지도 고르는 포인트 중 하나가 되겠군요. 그 외에는, 참, 일본식 방인지 서양식 방인지 하는 기호가 있군요.

여　그렇죠. 저는 일본식 방을 좋아하는데, 기타무라 씨는요?

사회자　저는 서양식 방이 좋습니다. 서양식 방은 청소하기가 편하지 않습니까. 먼저가 떨어져도 금방 알 수 있고. 그런데 다카하시 씨는 일본식 방을 좋아한다고 하셨는데, 추천 포인트는 뭔가요?

여　다다미 위에 누워 뒹굴거릴 수 있는 것. 그거 기분 좋아요.

사회자　아, 분명히 그건 좋죠. 겨울에 고타츠에 들어가서 누워 뒹굴거리는 것도, 마루 바닥보다도 다다미 쪽이 기분이 좋죠.
다카하시 씨는 지금 집은 다다미인가요?

여　그게 유감스럽게도 마루 바닥이에요. 다음에 이사할 때에는 꼭 다다미 방이 있는 집으로 갈 거예요.

사회자　그렇습니까. 방빌리기 씨, 참고가 되셨나요? 좋은 방을 발견하셨으면 좋겠네요. 그럼 계속해서 다음 사연입니다.

聞いてみよう2

皆さん、国分寺寮へようこそ。この寮の管理人をしている、川井と申します。この寮で生活をするにあたって、皆さんに是非守ってもらいたいことを、これからご説明いたします。

まず、キッチンやシャワー室、各部屋の中では土足厳禁です。必ず靴を脱ぐようにしてください。次に、寮内は禁煙となっています。ベランダを含め、建物の中で煙草は吸わないでください。国際交流館の入り口に喫煙所がありますので、喫煙はそちらでお願いいたします。

それから、夜12時以降に大勢で騒いだり、大きな音で音楽をかけたりしないように気を付けてください。キッチンでパーティーをする時も、うるさくないように入り口のドアと窓は閉めてください。また、パーティーでは未成年にはお酒を飲ませないように、くれぐれも気を付けてください。最後には必ずみんなできれいに掃除をするようにしてください。

この寮はいろいろな人が共同で生活をしているところです。他人に迷惑をかけないように気を付けてくださいね。ではこれから……。

여러분, 고쿠분지 기숙사에 오신 것을 환영합니다. 이 기숙사의 관

리인을 하고 있는 가와이라고 합니다. 이 기숙사에서 생활하는데 있어 여러분이 반드시 지켜야 할 것을 지금부터 설명하겠습니다.

우선, 부엌과 샤워실, 각 방 안에서는 신발을 신으면 안 됩니다. 반드시 신발을 벗도록 해 주세요. 다음으로, 기숙사 내에서는 금연입니다. 베란다를 포함해 건물 안에서 담배는 피우지 말아 주세요. 국제교류관 입구에 흡연소가 있으니 흡연은 거기에서 부탁드립니다.

그리고 밤 12시 이후에는 큰 소리로 떠들거나 크게 음악을 틀거나 하지 않도록 주의해 주시기 바랍니다. 부엌에서 파티를 할 때에도, 시끄럽지 않게 입구의 문과 창문을 닫아 주시기 바랍니다. 그리고, 파티에서는 미성년자에게는 술을 먹이지 않도록 아무쪼록 주의해 주시기 바랍니다. 마지막으로는 반드시 모두가 깨끗하게 청소하도록 해 주시기 바랍니다.

이 기숙사는 다양한 사람들이 공동으로 생활하고 있는 곳입니다. 타인에게 폐를 끼치지 않도록 주의해 주시기 바랍니다.

그럼 지금부터…….

シャドーイングしてみよう

1回目

まず、/ キッチンや / シャワー室、/ 各部屋の / 中では / 土足厳禁です。/ 必ず / 靴を / 脱ぐように / してください。/ 次に、/ 寮内は / 禁煙と / なっています。/ ベランダを / 含め、/ 建物の / 中で / 煙草は / 吸わないで / ください。/ 国際交流館の / 入り口に / 喫煙所が / ありますので、/ 喫煙は / そちらで / お願いいたします。

우선, / 부엌과 / 샤워실, / 각 방 / 안에서는 / 신발을 신으면 안 됩니다. / 반드시 / 신발을 / 벗도록 / 해 주세요. / 다음으로, / 기숙사 내에서는 / 금연 / 입니다. / 베란다를 / 포함해 / 건물 / 안에서 / 담배는 / 피우지 말아 / 주세요. / 국제교류관 / 입구에 / 흡연소가 / 있으니 / 흡연은 / 거기에서 / 부탁드립니다.

2回目

まず、/ キッチンやシャワー室、/ 各部屋の中では / 土足厳禁です。/ 必ず / 靴を脱ぐように / してください。/ 次に、/ 寮内は / 禁煙となっています。/ ベランダを含め、/ 建物の中で / 煙草は / 吸わないでください。/ 国際交流館の入り口に / 喫煙所がありますので、/ 喫煙は / そちらでお願いいたします。

우선, / 부엌과 샤워실, / 각 방 안에서는 / 신발을 신으면 안 됩니다. / 반드시 / 신발을 벗도록 / 해 주세요. / 다음으로, / 기숙사 내에서는 / 금연입니다. / 베란다를 포함해 / 건물 안에서 / 담배는 / 피우지 말아 주세요. / 국제교류관 입구에 / 흡연소가 있으니 / 흡연은 / 거기에서 부탁드립니다.

3回目

まず、/ キッチンやシャワー室、/ 各部屋の中では土足厳禁です。/ 必ず / 靴を脱ぐようにしてください。/ 次に、/ 寮内は禁煙となっています。/ ベランダを含め、建物の中で / 煙草は吸わないでください。/ 国際交流館の入り口に喫煙所がありますので、/ 喫煙はそちらでお願いいたします。

　우선, / 부엌과 샤워실, / 각 방 안에서는 신발을 신으면 안 됩니다. / 반드시 / 신발을 벗도록 해 주세요. / 다음으로, / 기숙사 내에서는 금연입니다. / 베란다를 포함해 건물 안에서 / 담배는 피우지 말아 주세요. / 국제교류관 입구에 흡연소가 있으니 / 흡연은 거기에서 부탁드립니다.

コラム

一戸建て？それともマンション？

　みなさんは、どんな家に住みたいですか。一戸建てですか。それともマンション？日本でも、一戸建てにするか、マンションにするかは、ライフスタイルによって好みが分かれますが、全体的に一戸建てを好む傾向が強いようです。一戸建ては、たいてい庭が付いていて、自分の好きな庭を作ることができます。それから、家の中も自分たちの好みに合わせて変えることも可能です。日本に行くと、一戸建ての家がずらっと並んでいる街の風景を、あちこちで見ることができます。また、雪が多いところか、そうでないかなど、その土地の気候に合わせて、家の形もさまざまです。家の形に気を付けて、日本を見てみても面白いかもしれませんね。

단독주택? 아니면 아파트?

　여러분은 어떤 집에 살고 싶으신가요? 단독주택인가요? 아니면 아파트? 일본에서도 단독주택으로 할지, 아파트로 할지는 라이프스타일에 따라 취향이 나뉘지만, 전체적으로 단독주택을 선호하는 경향이 강한 듯 합니다. 단독주택은 대체로 정원이 딸려 있어 자기가 좋아하는 정원을 만들 수 있습니다. 그리고 집안도 자신들의 취향에 맞춰 바꾸는 것도 가능합니다. 일본에 가면, 단독주택이 나란히 늘어서 있는 거리의 풍경을 여기저기에서 볼 수 있습니다. 또, 눈이 많은 곳인지 그렇지 않은 곳인지 등 그 토지의 기후에 맞춰 집의 모양도 다양합니다. 집의 모양에 주의하면서 일본을 봐 보는 것도 재미있을 것 같네요.

---

07 体と健康

ウォーミングアップ

1

① 薬を塗って、傷を治します。
② うがいをして、風邪を予防します。
③ 目薬をさして、目の疲れをとります。
④ 薬を飲んで、風邪を治します。

　① 약을 발라 상처를 치료합니다.
　② 가글을 해서 감기를 예방합니다.
　③ 안약을 넣어 눈의 피로를 풀어줍니다.
　④ 약을 먹어 감기를 낫게 합니다.

2

① **男** あ、これおいしいですね。薬じゃないみたいです。

　女 大根をおろしたものに、蜂蜜を入れたんです。のどにいいんですよ。

② **女** うわ、何のにおい？なんか、ねぎみたいなにおいがするんだけど。

　男 ごめんごめん。家で、首にねぎを巻いてたんだ。風邪薬としてね。

③ **女** 木村さん、目が真っ赤ですね。花粉症ですか。

　男 ええ、そうなんです。目がかゆくて……、春は本当に憂鬱な季節です。

④ **女** 漢方薬を飲むか、普通の薬を飲むか、悩んでいます。

　男 体質をよく変えたいなら、予防医学の考え方から漢方の方がおすすめですよ。

① 남 아, 이거 맛있네요. 약이 아닌가 보네요.
　여 무 갈은 것에 벌꿀을 넣었어요. 목에 좋아요.

② 여 우와, 무슨 냄새야? 뭔가 파 냄새 같은게 나는데.
　남 미안, 미안. 집에서 목에 파를 두르고 있었거든. 감기약으로.

③ 여 기무라 씨, 눈이 새빨개요. 화분증이에요?
　남 네, 맞아요. 눈이 가려워서. 봄은 정말 우울한 계절이에요.

④ 여 한약을 먹을지, 일반약을 먹을지 고민하고 있어요.
　남 체질을 잘 바꾸고 싶으면 예방의학 차원에서 한약을 추천합니다.

聞いてみよう 1

男 あ〜

女 あれ、佐々木さん、どうしたんですか。
風邪ですか。

男 なんだか今朝からのどが痛くて。それで、これ
を飲んでるんですけどね。

女 それ、何ですか。

男 大根のお茶です。大根をおろしたものに、蜂蜜
を入れたんです。

女 へえ、大根ですか。効果があるんですか。

男 大根はビタミンCが豊富だから、のどにいいって、
小さい時から母がよく飲ませてくれたんですよ。
結構すぐ治ります。

女 そうなんですか。私が小さい頃は、のどにねぎ
を巻いて治してましたよ。

男 ええ！ねぎですか。

女 ええ、ねぎを少し火であぶったあと、タオルで
包んでのどに巻いてました。ねぎのにおいがく
さくて嫌でしたけどね。ははは。

男 会社では、ちょっとやりにくいですよね。

女 さすがに今はできませんね。今はのどが痛く
なったらすぐスプレーをのどに塗っています。

男 のどのスプレーは効果ありますよね。
あと、お茶でうがいをするのもいいって聞きま
すね。

女 そうそう。水よりもお茶でうがいをした方が
いいそうですね。

男 お茶もビタミンCが豊富だからでしょうね。

女 じゃ、佐々木さん、全部試してみてくださいよ。
そしてどれが一番効果的か教えてください。

男 ははは……。すぐ風邪なんか治りそうですね。

남　아〜

여　어라, 사사키 씨, 무슨 일이에요? 감기예요?

남　왠지 오늘 아침부터 목이 아파서. 그래서 이걸 마시고 있는
데요.

여　그거 뭐예요?

남　무차예요. 무를 갈은 것에 벌꿀을 넣은 거예요.

여　어머, 무요? 효과가 있어요?

남　무는 비타민C가 풍부해서 목에 좋다고 어렸을 때부터 어머
니가 자주 먹이셨어요. 꽤 금방 좋아져요.

여　그래요? 저도 어렸을 때는 목에 파를 감아서 치료했어요.

남　네? 파요?

여　네, 파를 살짝 불에 구운 다음 수건으로 감싸서 목에 둘렀어
요. 파 냄새가 지독해서 싫어했지만요. 하하하.

남　회사에서는 좀 하기 힘드네요.

여　역시 지금은 할 수 없지요. 지금은 목이 아프면 바로 스프레
이를 목에 뿌려요.

남　목 스프레이는 효과가 있지요. 또, 녹차로 가글을 하는 것도
좋다고 들었어요.

여　맞아요 맞아. 물보다도 녹차로 가글을 하는 것이 좋다고 하죠.

남　녹차에도 비타민C가 풍부하기 때문이겠죠.

여　그럼, 사사키 씨, 전부 시험해 봐 주세요. 그래서 어느 것이
가장 효과적인지 알려 주세요.

남　하하하, 금방 감기따위 낫겠네요.

聞いてみよう 2

こんばんは。「ドクター伊藤の漢方いろいろ」の時間
です。さて、もうすぐ春になりますが、私にとっては
憂鬱な季節でもあります。どうしてか、分かりますか。
そうです、鼻水が出る、目がかゆい、つらーい花粉症
の季節だからです。

いろいろな薬がありますが、マスクやメガネで予
防をすることがまず大切です。いくら薬で症状を
抑えても、原因となる花粉をたくさん吸ってしまえ
ば、体が疲れやすくなったり、熱が出たり、さまざ
まな症状に悩まされることになります。

よく患者さんに「漢方薬を飲んだら、花粉症は治
りますか」と聞かれます。私はそんな時「私も以前は
ひどい花粉症だったのですが、だんだんよくなって
きています」と答えています。花粉症には「小青竜湯」
という漢方薬がおすすめです。

しかし、実際には漢方薬を飲むだけでなく、私は
睡眠をたくさんとったり、なるべく体を休めるよう
にしたり、飲みすぎ、食べすぎをしないように気を
付けています。また、とくに花粉が多い日には目薬
も使っています。

私の経験から言うと、花粉症には漢方薬を使うだ
けではなく、漢方医学の知識を使って対応すること
が大切だろうと考えています。漢方医学では予防医
学の考え方が最も大切なのです。ですから、「薬を
飲んでおけば大丈夫」というやり方はおすすめしま
せん。

안녕하세요. '닥터 이토의 한방 이모저모'의 시간입니다. 자, 이제
곧 봄입니다만, 저에게는 우울한 계절이기도 합니다. 어째서인지 아
십니까? 그렇습니다, 콧물이 나오고, 눈이 가렵고, 괴로운 화분증의

계절이기 때문입니다.

여러가지 약이 있지만, 마스크나 안경으로 예방을 하는 것이 가장 중요합니다. 아무리 약으로 증상을 억제해도, 원인이 되는 꽃가루를 많이 들이 마시면 몸이 쉽게 피로해지거나, 열이 나거나, 다양한 증상으로 괴로워지게 됩니다.

환자분들에게 자주 '한약을 먹으면 화분증이 나을까요?'라는 질문을 받습니다. 저는 그럴 때 '저도 예전에는 심한 화분증이었는데 점점 좋아졌습니다'라고 대답합니다. 화분증에는 '소청용탕'이라는 한약을 추천합니다.

그러나 실제로는 한약을 먹는 것만이 아니라, 저는 수면을 충분히 취하거나, 되도록 몸을 쉬게 하거나, 과음·과식을 하지 않도록 주의하고 있습니다. 또, 특히 꽃가루가 많은 날에는 안약도 사용하고 있습니다.

저의 경험에서 얘기하자면, 화분증에는 한약을 사용하는 것만이 아니라, 한방의학의 지식을 사용해 대응하는 것이 중요하다고 생각하고 있습니다. 한방의학에서는 예방의학의 사고방식이 가장 중요합니다. 따라서, '약을 먹으면 괜찮다'라는 방법은 추천하지 않습니다.

シャドーイングしてみよう

1回目

私の経験 / から言うと、/ 花粉症には / 漢方薬を使う / だけではなく、/ 漢方医学の / 知識を使って / 対応することが / 大切だろうと / 考えています。/ 漢方医学では / 予防医学の / 考え方が / 最も / 大切なのです。/ ですから、「薬を / 飲んでおけば / 大丈夫」という / やり方は / おすすめしません。

저의 경험 / 에서 얘기하자면, / 화분증에는 / 한약을 사용하는 / 것만이 아니라, / 한방의학의 / 지식을 사용해 / 대응하는 것이 / 중요하다고 / 생각하고 있습니다. / 한방의학에서는 / 예방의학의 / 사고방식이 / 가장 / 중요합니다. / 따라서, / '약을 / 먹으면 / 괜찮다'라는 / 방법은 / 추천하지 않습니다.

2回目

私の経験から言うと、/ 花粉症には / 漢方薬を使う だけではなく、/ 漢方医学の知識を使って / 対応する ことが / 大切だろうと考えています。/ 漢方医学では / 予防医学の考え方が / 最も大切なのです。/ ですから、「薬を飲んでおけば / 大丈夫」というやり方は / おすすめしません。

저의 경험에서 얘기하자면, / 화분증에는 / 한약을 사용하는 것만이 아니라, / 한방의학의 지식을 사용해 / 대응하는 것이 / 중요하다고 생각하고 있습니다. / 한방의학에서는 / 예방의학의 사고방식이 / 가장 중요합니다. / 따라서, / '약을 먹으면 / 괜찮다'라는 방법은 / 추천 하지 않습니다.

3回目

私の経験から言うと、/ 花粉症には漢方薬を使うだけではなく、/ 漢方医学の知識を使って対応することが大切だろうと考えています。/ 漢方医学では予防医学の考え方が最も大切なのです。/ ですから、「薬を飲んでおけば大丈夫」というやり方はおすすめしません。

저의 경험에서 얘기하자면, / 화분증에는 한약을 사용하는 것만이 아니라, / 한방의학의 지식을 사용해 대응하는 것이 중요하다고 생각하고 있습니다. / 한방의학에서는 예방의학의 사고방식이 가장 중요합니다. / 따라서, '약을 먹으면 괜찮다'라는 방법은 추천하지 않습니다.

コラム

花粉症対策グッズ

「花粉症」には日本人の3～4人に一人がかかっていると言われ、いわば「国民病」と言っても言いすぎではないほどです。日本の森林面積の18%、国土の12%をスギ林が占めており、このスギ花粉が花粉症で一番の原因となっています。鼻水、鼻づまり、くしゃみ、目のかゆみなど、いやな症状に悩まされ、仕事をするのも勉強するのも、集中できないという悩みを持っている人々が多くいます。そのため、花粉症対策として、さまざまな新商品が作られて売られています。人気があるのは、甜茶ドリンクやサプリメント、アロマオイル、首にかけるタイプのマスク、鼻の入口に塗るクリーム、花粉症めがねなどです。また、花粉をとる空気清浄器も性能がいいものが毎年発売されており、これも人気があるようです。これらは花粉症に限らず、空気中のウィルス、汚れから身を守るためにも役に立ちますね。

화분증 대책 상품

'화분증'은 일본인 3~4명 중 1명이 앓고 있다고 해서, 이른바 '국민병'이라고 해도 지나치치 않을 정도입니다. 일본의 삼림 면적의 18%, 국토의 12%를 삼나무가 차지하고 있고, 이 삼나무의 꽃가루가 화분증의 가장 큰 원인입니다. 콧물, 코막힘, 재채기, 눈의 가려움 등 귀찮은 증상으로 괴로워하며, 일을 하는 것도 공부를 하는 것도 집중할 수 없다는 고민을 가지고 있는 사람들이 많습니다. 그 때문에 화분증 대책이라고 해서, 다양한 신상품이 만들어져 판매되고 있습니다. 인기가 있는 것은 감차드링크나 보조제, 아로마오일, 목에 두르는 타입의 마스크, 콧구멍에 바르는 크림, 화분증안경 등입니다. 또, 꽃가루를 제거하는 공기청정기도 성능이 좋은 것이 매년 판매되고 있고, 이것도 인기가 있다고 합니다. 이러한 것들은 화분증뿐만이 아니라, 공기 중의 바이러스, 더러움으로부터 몸을 지키기 위해서도 도움이 되겠네요.

08 趣味と遊び

ウォーミングアップ

1

① さあ、休憩時間だからそろそろお弁当を食べようか。
② 子どもの時は、お正月によくかるたで遊んだなぁ。
③ あの俳優、有名な歌舞伎役者なのよね。
④ 茶道をすると、心が落ち着きますよね。

① 자, 휴식시간이니까 슬슬 도시락을 먹을까.
② 어릴 때는 설날에 자주 카드 게임을 하고 놀았었지.
③ 저 배우, 유명한 가부키 배우 맞지?
④ 다도를 하면 마음이 차분해져요.

2

① **男** 歌舞伎の魅力って何ですか。
　女 舞台の美しさももちろんですが、役者の演技がとても素晴らしいんですよ。
② **男** そのお着物、自分で着たんですか。
　女 ええ。DVDを見て何回か練習しているうちに、着られるようになりました。
③ **男** 間違えて他の札をとってしまったんですが。
　女 それは「お手つき」という反則となります。
④ **男** 茶道は、ただの趣味を超えて、人生の修行をしている感じがします。
　女 奥が深いですね。

① 남 가부키의 매력은 무엇인가요?
　여 무대도 물론 아름답지만, 배우들의 연기가 무척 멋져요.
② 남 그 기모노, 스스로 입었어요?
　여 네, DVD를 보고 몇 번이나 연습하는 와중에 입을 수 있게 되었어요.
③ 남 실수도 다른 카드를 집고 말았어요.
　여 그것은 '잘못 잡기'라는 반칙이 됩니다.
④ 남 다도는 단순한 취미를 넘어서 인생의 수행을 하는 느낌이 듭니다.
　여 깊이 있네요.

聞いてみよう 1

司会者 さて、続きまして、あなたの生活を彩る「ステキに趣味を」のコーナーです。
今日は、作家の浅野ゆきさんにお越しいただきました。こんにちは。

女 こんにちは。よろしくお願いいたします。
司会者 今日は、浅野さんの趣味について、いろいろと聞いていきたいと思います。浅野さんは、「和」の趣味をお持ちだそうですが、今日もお着物をお召になっていらっしゃいました。とてもステキですね。

女 ありがとうございます。私、着物が好きで、お芝居とか、歌舞伎を見に行く時によく着て行きます。あとは、お茶を習っていまして、お稽古の時には必ず着物ですね。

司会者 茶道に歌舞伎。まさに「和」の趣味をお持ちですが、始めたきっかけって何かありますか。

女 そうですね。歌舞伎の方は、テレビドラマに出ていた歌舞伎役者さんに関心を持ったのがきっかけです。その役者の舞台を見てみたくなって、歌舞伎座に行って見てみたんです。そうしたら、歌舞伎の魅力にはまってしまいました。

司会者 そうですか。浅野さんにとっての歌舞伎の魅力って何ですか。

女 そうですね。舞台の美しさももちろんですが、役者の演技がとても素晴らしいんですよ。特に女形の演技は、男性なのに女性よりも女性の魅力が伝わってきてとても驚きました。最初は古典芸能は難しいというイメージがあったのですが、現代の人でも普通に楽しめますね。全然古く感じないんですよ。

司会者 なるほど。
女 あとは、休憩時間に食べる幕の内弁当も、魅力の一つですね。歌舞伎の場合、ちょうどお昼ご飯や晩ご飯の時間と重なるので、休憩時間に食べるお弁当を買って行きます。舞台の合間においしいご飯を食べることも、歌舞伎を見に行く楽しみの一つですね。

司会者 いろいろな楽しみ方があるんですね。食べものというと、先ほどおっしゃっていた茶道とも通じますね。
女 はい。私、おいしいものを食べるのが大好きで、さらに甘いものが好きなんです。茶道ではその季節ならではのお菓子をいただけるのが魅力ですね。ただ、茶道は、ただの趣味を超えて、人生の修行をしている感じがします。
司会者 そうですか。奥が深いですね。
女 はい。お稽古に行くといつも、自分自身のことを見つめる時間となります。忙しい毎日の中で、私にとってはとても貴重な時間ですね。
司会者 そうですか。では……。

사회자 그럼, 계속해서 당신의 생활을 물들이는 '멋지게 취미를' 코너입니다. 오늘은 작가 아사노 유키 씨가 와 주셨습니다. 안녕하세요.
여 안녕하세요. 잘 부탁드리겠습니다.
사회자 오늘은 아사노 씨의 취미에 대해서 여러가지 듣고 싶습니다. 아사노 씨는 '화'의 취미를 가지고 계시다던데, 오늘도 기모노를 입고 오셨네요. 아주 멋집니다.
여 감사합니다. 저, 기모노를 좋아해서 연극이나 가부키를 보러 갈 때에 자주 입습니다. 그리고는, 다도를 배우고 있는데, 연습을 할 때에는 반드시 기모노입니다.
사회자 다도에 가부키. 그야말로 '화'의 취미를 가지고 계시는데, 시작하게 된 계기는 무엇인가요?
여 네, 가부키는 텔레비전 드라마에 나온 가부키 배우에게 관심을 갖게 된 것이 계기입니다. 그 배우의 무대를 보고 싶어져서 가부키좌에 가서 보았습니다. 그랬더니 가부키의 매력에 빠지고 말았습니다.
사회자 그렇습니까. 아사노 씨에게 가부키의 매력이란 무엇인가요?
여 네, 무대의 아름다움도 물론이지만, 배우의 연기가 무척 멋집니다. 특히 여자 역할의 배우는 남자인데도 여자보다도 여자다운 매력을 뽐내서 정말 놀랐습니다. 처음에는 고전 예능은 어렵다는 이미지가 있었는데, 현대인도 쉽게 즐길 수 있습니다. 전혀 오래된 느낌이 없습니다.
사회자 그렇군요.
여 또, 휴식시간에 먹는 막간도시락도 매력의 한 가지입니다. 가부키의 경우, 딱 점심시간과 저녁시간과 겹치기 때문에, 휴식시간에 먹을 도시락을 사서 갑니다. 무대 중간에 맛있는 밥을 먹는 것도 가부키를 보러 가는 즐거움 중 하나입니다.
사회자 여러가지 즐기는 방법이 있군요. 먹을 것이라고 하면 좀전에 말씀하신 다도와도 통하는군요.
여 네. 저 맛있는 것을 먹는 것을 좋아하는데, 더구나 단 것을 좋아합니다. 다도에서는 그 계절에만 맛 볼 수있는 과자를 먹을 수 있는 것이 매력입니다. 단,

다도는 단순한 취미를 넘어서 인생의 수행을 하고 있는 느낌이 듭니다.
사회자 그렇습니까? 깊이가 있군요.
여 네. 배우러 가면 언제나 자기자신을 바라보는 시간이 됩니다. 바쁜 매일 속에서 저에게는 매우 귀중한 시간입니다.
사회자 그렇습니까. 그럼…….

聞いてみよう２

では、これからかるたのゲームのしかたについて説明します。まず、絵が書いてある絵札を箱から出してみてください。絵札と字が書いてある読み札は全部で44枚ずつあります。かるたは、読み札を読んでそれに該当する絵札をとるゲームです。
まず絵札を一枚ずつ絵が見えるように、並べてください。並べ方は、札が重ならないように並べれば、どのような方向に向いていても構いません。すべて並べたら、3分ほど時間を差し上げます。どこにどの札があるか、場所を覚えましょう。自分のお気に入りの札をいくつか作っておくと、より速く札をとることができます。このゲームは、札を多くとった人が勝ちですので、頑張ってとってくださいね。
それから、一つ注意事項があります。もし、間違えて他の札をとってしまった場合は、「お手つき」という反則となります。お手つきをしたら、自分が今までにとった札の中から一枚を、正しい札をとった人にあげてください。速さと正確さが問われるゲームです。皆さん、集中してがんばってくださいね！

그럼 지금부터 가루타 게임의 방법에 대해서 설명하겠습니다. 우선, 그림이 그려져 있는 그림패를 상자에서 꺼내보세요. 그림패와 글자가 써져 있는 글자패는 전부 44장씩 있습니다. 가루타는, 글자패를 읽고 그에 해당하는 그림패를 집는 게임입니다.
우선 그림패를 한 장씩 그림이 보이도록 늘어놓아 주세요. 늘어놓는 방법은 패가 겹치지 않도록 놓으면 어떤 방향을 향하고 있어도 상관없습니다. 모두 늘어놓았으면 3분 정도 시간을 드립니다. 어디에 어떤 패가 있는지, 위치를 기억합시다. 자기 마음에 드는 패를 몇 가지 만들어 두면 보다 빨리 패를 집을 수 있습니다. 이 게임은 패를 많이 집은 사람이 이기므로, 열심히 집어 주세요.
그리고 한 가지 주의할 사항이 있습니다. 만약, 잘못해서 다른 패를 집은 경우에는, '잘못 집음'이라는 반칙이 됩니다. 잘못 집음을 하면 자신이 지금까지 집은 패 중 하나를 올바른 패를 집은 사람에게 주세요. 속도와 정확도가 요구되는 게임입니다. 여러분, 집중해서 힘내 주세요!

シャドーイングしてみよう

1回目

この / ゲームは、/ 札を / 多くとった人が / 勝ちですので、/ 頑張って / とって / くださいね。/ それから、/ 一つ / 注意事項が / あります。/ もし、/ 間違えて / 他の札を / とってしまった / 場合は、/「お手つき」という / 反則と / なります。/ お手つきを / したら、/ 自分が / 今までに / とった / 札の / 中から / 一枚を、/ 正しい / 札を / とった / 人に / あげて / ください。

이 / 게임은 / 패를 / 많이 집은 사람이 / 이기므로, / 열심히 / 집어 / 주세요. / 그리고 / 한 가지 / 주의할 사항이 / 있습니다. / 만약, / 잘못해서 / 다른 패를 / 집은 경우에는, / ‘잘못 집음’이라는 / 반칙이 / 됩니다. / 잘못 집음을 / 하면, / 자신이 / 지금까지 / 집은 패 / 중에서 / 한 장을 / 올바른 / 패를 / 집은 사람에게 / 주세요.

2回目

このゲームは、/ 札を多くとった人が / 勝ちですので、/ 頑張って / とってくださいね。/ それから、/ 一つ注意事項が / あります。/ もし、/ 間違えて / 他の札をとってしまった / 場合は、/「お手つき」という / 反則となります。/ お手つきをしたら、/ 自分が今までにとった / 札の中から一枚を、/ 正しい札をとった / 人に / あげてください。

이 게임은 / 패를 많이 집은 사람이 / 이기므로, / 열심히 / 집어 주세요. / 그리고 / 한 가지 주의할 사항이 / 있습니다. / 만약, / 잘못해서 / 다른 패를 집은 / 경우에는, / ‘잘못 집음’이라는 / 반칙이 됩니다. / 잘못 집음을 하면 / 자신이 지금까지 집은 / 패 중에서 한 장 / 올바른 패를 집은 사람에게 / 주세요.

3回目

このゲームは、/ 札を多くとった人が勝ちですので、/ 頑張ってとってくださいね。/ それから、/ 一つ注意事項があります。/ もし、/ 間違えて他の札をとってしまった場合は、/「お手つき」という反則となります。/ お手つきをしたら、/ 自分が今までにとった札の中から一枚を、/ 正しい札をとった人にあげてください。

이 게임은 / 패를 많이 집은 사람이 이기므로, / 열심히 집어 주세요. / 그리고 / 한 가지 주의할 사항이 있습니다. / 만약, / 잘못해서 다른 패를 집은 경우에는, / 잘못 집음이라는 반칙이 됩니다. / ‘잘못 집음’을 하면 / 자신이 지금까지 집은 패 중에서 한 장을 / 올바른 패를 집은 사람에게 주세요.

コラム

かるたはスポーツ？

みなさんは、かるたをしたことがありますか。かるたは、日本では、ほとんどの人が子どもの頃にした経験がある遊びです。お正月に親戚が集まった時にした事がある人が多いと思います。かるたにはいろいろな種類があります。ことわざのかるたや、日本の昔話のかるた、地域の情報を紹介するかるたもあります。中でも一番有名なのが、「小倉百人一首」です。「小倉百人一首」は和歌のかるたで、日本人なら誰もが一度は目にしたことがあるものです。この、「小倉百人一首」の全国大会が毎年開かれています。そこには、子どもから大人まで多くの人が参加し、日本一を競います。大会でのかるたは、ただの遊びではなく、まさにスポーツです。一枚でも多く札をとるために、多くの人が汗を流して戦います。人気マンガの素材にもなったかるた。みなさんも、ぜひ一度体験してみてください。

가루타는 스포츠?

여러분은 가루타를 해 본 적이 있습니까? 가루타는 일본에서는 대부분의 사람들이 어렸을 적에 해 본 경험이 있는 놀이입니다. 설날에 친척들이 모였을 때 해 본 적이 있는 사람이 많을 것입니다. 가루타에는 여러가지 종류가 있습니다. 속담 가루타나 일본의 옛날 이야기 가루타, 지역의 정보를 소개하는 가루타도 있습니다. 그 중에서도 가장 유명한 것이 ‘오구라 백인일수’입니다. ‘오구라 백인일수’는 와카 가루타로, 일본인이라면 누구나가 한번은 본 적이 있는 것입니다. 이 ‘오구라 백인일수’의 전국대회가 매년 열리고 있습니다. 거기에서는 아이부터 어른까지 많은 사람들이 참가해, 일본 제일을 겨룹니다. 대회에서의 가루타는 단순한 놀이가 아니라, 그야말로 스포츠입니다. 한 장이라도 많이 패를 집기 위해서, 많은 사람들이 땀을 흘리며 싸웁니다. 인기 만화의 소재로도 된 가루타. 여러분도 꼭 한번 체험해 보시기 바랍니다.

09 買いもの

ウォーミングアップ

1

① インテリア雑貨を買いに行きます。
② ビジネス用品をプレゼントします。
③ 電化製品を買いに行きます。
④ ギフトカードをプレゼントします。

① 인테리어 잡화를 사러 갑니다.
② 비즈니스 용품을 선물합니다.
③ 전자제품을 사러 갑니다.
④ 기프트 카드를 선물합니다.

2

① 男 このテントは、素材がしっかりしていますね。
　 女 はい、雨も風もしっかり防ぎますので、キャンプ
　　 におすすめですよ。
② 男 赤ちゃんをお風呂に入れるための、ベビーバ
　　 スを探しているんですが。
　 女 こちらはいかがですか。使う時だけふくらま
　　 せて使うことができます。
③ 男 このはしご、持ち運びは楽にできますか。
　 女 はい、小さくたためて、付属でこちらのケースも
　　 付いております。
④ 男 電気代が安いと聞いたので、LEDランプがほ
　　 しいんですが。
　 女 それなら、こちらの商品がおすすめですよ。
　　 小さいですが非常に明るいです。

① 남 이 텐트는 소재가 튼튼하네요.
　 여 네, 비도 바람도 확실히 막을 수 있어 캠프에 추천합니다.
② 남 아기를 욕조에 넣기 위해 베이비 욕조를 찾고 있는데요.
　 여 이것은 어떠신가요? 사용할 때만 바람을 넣어서 사용할
　　 수 있습니다.
③ 남 이 사다리, 가지고 다니기는 편한가요?
　 여 네, 작게 접을 수 있고, 부속으로 이 케이스도 딸려 있습니다.
④ 남 전기세가 적게 든다고 해서 LED 램프가 갖고 싶은데요.
　 여 그렇다면 이 상품을 추천합니다. 작지만 굉장히 밝습니다.

聞いてみよう1

女 あれ、朴さん、その本、何ですか。
男 ああ、鈴木さん。これ、今届いたばかりなんで
　 すけれど、カタログ……でしょうか。
女 えっと、ちょっと見せてくださいね……。
　 あ、ギフトカタログですね。
男 友だちの結婚のお祝いをしたんですが、そのお礼
　 でしょうか。こんなプレゼントは初めてです。
女 せっかくプレゼントをするなら、相手の人に
　 喜んでもらいたいでしょう？だから、好きな商
　 品をこのカタログの中から一つ選んで注文す
　 るんです。
男 うわー、こんなにたくさんあるのに、一つだけ
　 を選ぶなんて難しいですねぇ。

女 いろいろなジャンルに分かれて、選びやすく
　 なっていますよ。たとえば食べものとか、ビジ
　 ネス関係のものとか、インテリアの雑貨とか、
　 電化製品とか。
男 そうですね。どれにしようかなぁ……。
　 インテリアや電化製品は今すぐほしいものは特
　 にないし……。
女 ものだけじゃなくて、最近はギフトカードのよ
　 うに、何か体験できるチケットをもらえること
　 もありますよ。あ、やっぱりあった！
男 へえ、おもしろいですね。カフェチケットですか。
女 カタログの中のお店の中から一つ選んで、二人
　 でランチが楽しめるって書いてありますね。
男 いいですね。じゃ、せっかくですから、鈴木さん、
　 一緒に行きましょう！
女 え、いいですよ！もったいないじゃないですか。
男 そんなことないですよ。あ、ここに有効期限は
　 6か月って書いてありますね。チケットが届いた
　 らすぐ行きましょう。
女 いいんですか……。ありがとうございます。
男 これ、どうやって注文するんですか。
女 このカタログについているはがきか、FAXか、
　 インターネットで注文するんですよ。
男 ああ、そうですか。じゃ、今目の前にパソコン
　 があるから……。これがアドレスですよね。
女 そうですね。そのアドレスを入力すればいいで
　 すね。

여 　어, 박 씨, 그 책 뭐에요?
남 　아, 스즈키 씨. 이거 지금 막 도착했는데, 카탈로그……인가요?
여 　음, 좀 보여줄래요……. 아, 선물 카탈로그네요.
남 　친구 결혼 선물을 했는데 그 답례인가요? 이런 선물은 처음
　　이에요.
여 　이왕 선물을 하려면 상대방이 기뻐했으면 좋겠죠? 그러니
　　까 좋아하는 상품을 이 카탈로그에서 하나 골라서 주문하
　　는 거에요.
남 　우와~ 이렇게 많은데 하나만 고른다니 어렵네요.
여 　여러가지 장르로 나뉘어져 고르기 쉽게 되어 있어요. 예를
　　들면 먹을 것이라든가, 비즈니스에 관련된 것이나, 인테리
　　어 잡화라든가, 전기제품이라든가.
남 　그렇군요. 어느 것으로 하지……. 인테리어나 전기제품은
　　지금 당장 갖고 싶은 것은 특별히 없는데…….
여 　물건뿐만 아니라 최근에는 기프트 카드처럼, 뭔가 체험할
　　수 있는 티켓을 받을 수도 있어요. 아, 역시 있다!
남 　우와, 재밌네요. 카페 티켓인가요?

여 　카탈로그 속의 가게 중 하나를 골라 두 사람이 점심을 즐길 수 있다고 쓰여 있네요.

남 　좋네요. 그럼 모처럼이니까, 스즈키 씨, 같이 가요!

여 　어, 괜찮아요! 아깝잖아요.

남 　그렇지 않아요. 아, 여기 유효기간은 6개월이라고 쓰여 있네요. 티켓이 도착하면 바로 가요.

여 　괜찮아요? 고마워요.

남 　이거 어떻게 주문하는 건가요?

여 　이 카탈로그에 붙어있는 엽서나 팩스나, 인터넷으로 주문하는 거에요.

남 　아, 그래요? 그럼 지금 눈 앞에 컴퓨터가 있으니까……. 이게 주소인가요?

여 　맞아요. 그 주소를 입력하면 돼요.

聞いてみよう 2

車の中でゆっくり横になって休もうとする時、皆さんはどうされていますか。車のシートを横に倒してもまっすぐ横にならないのでゆっくり休むこともできません。それなら、屋根の上にテントを作ってしまったらどうでしょうか。

この商品は、車の屋根の上にテントを作ってしまうものです。普段はたたんでおいて、使う時はふくらませて、上まではしごをかけて登ります。このはしごは付属で付いています。テントの広さは大人二人が横になれるスペースがあります。4方向に網戸があり、気持ちのいい風がよく通ります。

また、テントの中に付いているランプは非常に明るくて、こんな小ささですが、十分に本を読むことができます。ホテルのない場所や駐車場で寝る時など、どこででも快適に休むことができます。素材も水に強く、雨にぬれる心配もありません。

サイズは三つのタイプがあり、それぞれの広さによって価格が変わります。Sサイズは大人二人用で35万円、Mサイズは大人二人と子ども一人が入れる広さで38万円、Lサイズは大人二人と子ども二人の広さで42万円です。キャンプが楽しいこれからの季節に、ぜひご活用ください！

자동차 안에서 편하게 누워 쉬려고 할 때, 여러분은 어떻게 하시나요? 자동차 시트를 뒤로 눕혀도 완전히 수평이 되지 않기 때문에 편하게 쉴 수도 없습니다. 그렇다면, 천장 위에 텐트를 만들면 어떨까요?

이 상품은 자동차의 천장 위에 텐트를 만드는 것입니다. 평소에는 접어 두었다가, 사용할 때 펼쳐서 위까지 사다리를 대고 올라갑니다. 이 사다리는 부속으로 딸려 있습니다. 텐트의 넓이는 어른 2명이 누울 수 있는 공간이 있습니다. 네 방향으로 모기장이 있고, 기분 좋은 바람이 잘 통합니다.

또, 텐트 안에 달려 있는 램프는 굉장히 밝아 이렇게 작지만 충분히 책을 볼 수 있습니다. 호텔이 없는 곳이나, 주차장에서 잘 때 등, 어디에서든 쾌적하게 쉴 수 있습니다. 소재도 물에 강해, 비에 젖을 걱정이 없습니다.

크기는 세 가지 타입이 있는데, 각각 넓이에 따라 가격이 다릅니다. S사이즈는 어른 2인용으로 35만엔, M사이즈는 어른 두 명과 아이 한 명이 들어갈 수 있는 크기로 38만엔, L사이즈는 어른 두 명과 아이 두 명이 들어갈 수 있는 크기로 42만엔입니다. 캠핑을 즐길 수 있는 지금 계절에 꼭 활용해 보세요!

シャドーイングしてみよう

1回目

車の中で / ゆっくり / 横になって / 休もうと / する 時、皆さんは / どうされて / いますか。 / 車のシートを / 横に倒しても / まっすぐ / 横に / ならないので / ゆっくり / 休むことも / できません。 / それなら、 / 屋根の上に / テントを / 作ってしまったら / どうでしょうか。 / この商品は、 / 車の / 屋根の上に / テントを / 作ってしまう / ものです。

자동차 안에서 / 편하게 / 누워 / 쉬려고 / 할 때, / 여러분은 / 어떻게 / 하시나요? / 자동차 시트를 / 뒤로 눕혀도 / 완전히 / 수평이 / 되지 않기 때문에 / 편하게 / 쉴 수도 / 없습니다. / 그렇다면, / 천장 위에 / 텐트를 / 만들면 / 어떨까요? / 이 상품은 / 자동차의 / 천장 위에 / 텐트를 / 만드는 / 것입니다.

2回目

車の中で / ゆっくり横になって / 休もうとする時、 / 皆さんは / どうされて / いますか。 / 車のシートを横 / に倒しても / まっすぐ横にならないので / ゆっくり休むことも / できません。 / それなら、 / 屋根の上に / テントを作ってしまったら / どうでしょうか。 / この商品は、 / 車の屋根の上に / テントを作ってしまうものです。

자동차 안에서 / 편하게 누워 / 쉬려고 할 때, / 여러분은 / 어떻게 / 하시나요? / 자동차 시트를 뒤로 눕혀도 / 완전히 수평이 되지 않기 때문에 / 편하게 쉴 수도 / 없습니다. / 그렇다면, / 천장 위에 / 텐트를 만들면 / 어떨까요? / 이 상품은 / 자동차의 천장 위에 / 텐트를 만드는 것입니다.

3回目

車の中でゆっくり横になって休もうとする時、 / 皆さんはどうされていますか。 / 車のシートを横に倒してもまっすぐ横にならないので / ゆっくり休むこともできません。/ それなら、屋根の上にテントを作ってしまったらどうでしょうか。/ この商品は、車の屋根の上にテントを作ってしまうものです。

자동차 안에서 편하게 누워 쉬려고 할 때, / 여러분은 어떻게 하시나요? / 자동차 시트를 뒤로 눕혀도 완전히 수평이 되지 않기 때문에 / 편하게 쉴 수도 없습니다. / 그렇다면, 천장 위에 텐트를 만들면 어떨까요? / 이 상품은 자동차의 천장 위에 텐트를 만드는 것입니다.

コラム

カード派？現金派？

あなたは買いものをする時、クレジットカードで支払う「カード派」ですか。それとも、現金で払う「現金派」ですか。日本経済新聞(2013年12月23日朝刊)によると、調査の結果、日本では現金派が56%で、カード(クレジットカード、電子マネー、デビットカード)派の44%を上回ったそうです。日本は国際的に見てもかなりの「現金大国」で、カード支払いができない店も珍しくはないのです。また、クレジットカードについてはお金を遣いすぎてしまう、借金をしているというマイナスのイメージを持っている日本人が多いようです。しかし、カードで支払うことによって買いものに利用できるポイントがたまったり、買いものの記録が詳しく残って家計簿代わりになったりするなど、カード利用のメリットは多くあります。このようなメリットが今後より認識されていけば、遣いすぎに注意しながら、現金派からカード派にゆるやかに移行していく人々が増えていくかもしれませんね。

카드파? 현금파?

당신은 물건을 살 때, 신용카드로 결제하는 '카드파'입니까? 아니면 현금으로 지불하는 '현금파'입니까? 일본경제신문(2013년 12월 23일 조간)에 의하면, 조사 결과, 일본에서는 현금파가 56%로, 카드(신용카드, 전자머니, 체크카드)파의 44%를 웃돈다고 합니다. 일본은 국제적으로 봐도 상당한 '현금대국'으로, 카드결제가 불가능한 가게도 드물지 않습니다. 또, 신용카드에 대해서는 돈을 막 써버리거나, 빚을 지고 있다는 부정적인 이미지를 갖고 있는 일본인이 많은 듯 합니다. 그러나, 카드로 지불함으로써 쇼핑에 이용할 수 있는 포인트가 쌓이거나, 쇼핑 기록이 자세하게 남아 가계부 대신이 되는 등, 카드 이용의 이점은 많이 있습니다. 이러한 이점이 앞으로 보다 인식된다면, 지나친 사용에 주의하며 현금파에서 카드파로 완만하게 이동하는 사람들이 늘어날 지도 모르겠네요.

10　交通と旅行

ウォーミングアップ

1

① 終電に遅れたら大変だ。
② 当機はあと20分で着陸態勢に入ります。
③ 車内販売でございます。お弁当やビール、ホットコーヒーなどございます。
④ この列車は8両編成です。

① 막차를 놓치면 큰일이야.
② 당 항공기는 앞으로 20분 뒤에 착륙 태세에 들어갑니다.
③ 차내 판매입니다. 도시락과 맥주, 따뜻한 커피 등이 있습니다.
④ 이 열차는 8량 편성입니다.

2

① 男 あとどれくらいで飛行機を降りられそうですか。
　女 申し訳ございません。あとどれくらいかかるかは、まだ何とも言えない状況でして。
② 男 すみません。お手洗いはとこですか。
　女 8号車にございます。
③ 女 ホテルの予約がまだなんです。
　男 さようでございますか。よろしければ、こちらで手配しておきますが。
④ 女 何か飲みたいね。
　男 もうすぐ車内販売が来るから、お茶でも買おう。

① 남 앞으로 얼마나 있어야 비행기에서 내릴 수 있나요?
　여 죄송합니다. 앞으로 얼마나 걸릴 지는 아직 뭐라 말씀드리기 어려운 상황이라.
② 남 실례합니다. 화장실이 어디인가요?
　여 8호차에 있습니다.
③ 여 호텔 예약을 아직 하지 못했습니다.
　남 그러신가요. 괜찮으시다면 저희가 수배해 놓겠습니다.
④ 여 뭔가 마시고 싶다.
　남 곧 차내판매가 올 테니까 차라도 사자.

聞いてみよう1

機長　乗客の皆様にご連絡いたします。当機は成田空港に無事着陸いたしましたが、大雪のため空港内が混雑しており、ゲートが空いていない状態です。そのため、しばらくこのまま滑走路で待機するようにと空港から連絡が入りました。既に着陸から2時間が経ちましたが、まだゲートまでご案内できない状態です。
お急ぎのお客様には大変申し訳ありませんが、しばらくお席でお待ちくださりますよう、お願い申し上げます。空港から連絡が入り次第、すぐにご案内いたします。

男 ちょっとすみません。

女 はい、お客様。

男 あとどれくらいで飛行機を降りられそうですか。

女 申し訳ございません。あとどれくらいかかるかは、まだ何とも言えない状況でして。

男 このままだと今日の終電に間に合いそうにないんですよ。航空会社の方で、何とかしていただけるんですか。

女 さようでございますか。そのようなお客様が今のところ何名かいらっしゃいますので、こちらの方でもご案内させていただきたいと思っております。あの、お客様、失礼ですがお名前と本日の行き先を教えて頂けますでしょうか。

男 福田義雄です。行き先は群馬の高崎です。

女 ありがとうございました。また、詳しい情報が分かり次第、ご連絡いたします。

機長 乗客の皆様にご連絡いたします。先ほど空港から連絡が入りまして、当機は、30分後に21番ゲートに入ることとなりました。もうしばらくお待ちいただきますようお願い申し上げます。本日は大変ご迷惑をお掛けいたしまして、誠に申し訳ありませんでした。

女 福田様、本日ご自宅までお戻りになれない方のために、航空会社の方でホテルを手配いたしております。飛行機を降りられましたら、地上の係員の方に、お話ください。地上の係員がご案内させていただきます。

男 分かりました。ありがとうございます。

기장　승객 여러분께 안내 말씀 드립니다. 당 항공기는 나리타공항에 무사히 착륙하였으나, 폭설로 인해 공항내가 혼잡하여 게이트가 열려있지 않은 상황입니다. 때문에, 잠시 동안 이대로 활주로에서 대기하도록 공항으로부터 연락이 들어왔습니다. 이미 착륙한 지 2시간이 지났지만, 아직 게이트까지 안내할 수 없는 상황입니다. 서두르셔야 하는 승객분께는 대단히 죄송하지만, 잠시 좌석에서 기다려 주시기를 부탁드립니다. 공항으로부터

연락이 들어오는 대로 바로 안내해 드리겠습니다.

남　저기, 실례합니다.

여　네, 손님.

남　앞으로 얼마나 있으면 비행기에서 내릴 수 있나요?

여　죄송합니다. 앞으로 얼마나 걸릴지는 아직 뭐라고 말씀드리기 어려운 상황이라.

남　이대로라면 오늘 마지막 전차에 늦을 것 같습니다. 항공회사 쪽에서 어떻게 해 주실 수 없나요?

여　그러십니까? 그런 손님이 지금 몇 분 계시기 때문에, 저희쪽에서도 안내해 드리려고 생각하고 있습니다. 저 손님, 실례지만 성함과 오늘 행선지를 알려 주실 수 있으신가요?

남　후쿠다 요시오입니다. 행선지는 군마의 다카사키입니다.

여　감사합니다. 다시 자세한 정보를 알게 되는 대로 연락 드리겠습니다.

남　승객 여러분께 안내 말씀 드립니다. 조금 전 공항으로부터 연락이 들어왔습니다. 당 항공기는 30분 뒤에 21번 게이트로 들어가게 되었습니다. 조금만 더 기다려 주시기를 부탁드립니다. 오늘은 폐를 끼쳐드리게 되어 진심으로 죄송합니다.

여　후쿠다 님, 오늘 집으로 돌아가실 수 없는 분들을 위해 항공회사 쪽에서 호텔을 수배해 놓았습니다. 비행기에서 내리시면 지상 담당자에게 말씀해 주시기 바랍니다. 지상 담당자가 안내해 드릴 것입니다.

남　알겠습니다. 감사합니다.

聞いてみよう2

ご乗車の列車は、とき365号新潟行です。途中、停まる駅は、上野、大宮、高崎、越後湯沢、浦佐、長岡、燕三条、終点の新潟です。

列車は16両編成で、自由席は1号車から4号車までと、9号車から12号車までとなります。グリーン車は7号車と8号車、15号車と16号車です。お手洗いは1号車、4号車、5号車、8号車、9号車、12号車、13号車、16号車にあります。

車内は全席禁煙となります。お煙草はご遠慮ください。携帯電話は、お座席ではマナーモードにするか電源をお切りください。携帯電話での通話はデッキにてお願いいたします。

なお、列車が発車した後、車内販売がお座席まで参ります。お飲みものやおつまみ、お弁当などご用意しておりますので、どうぞご利用ください。列車はまもなく発車いたします。

탑승하신 열차는 도키 365호 니가타행입니다. 도중에 정차하는 역은 우에노, 오미야, 다카사키, 에치고유자와, 우라사, 나가오카, 츠

바메산쵸, 종점은 니가타입니다.

　열차는 16량 편성으로, 자유석은 1호차부터 4호차까지와, 9호차부터 12호차까지로 되어 있습니다. 그린차는 7호차와 8호차, 15호차와 16호차입니다. 화장실은 1호차, 4호차, 5호차, 8호차, 9호차, 12호차, 13호차, 16호차에 있습니다.

　차내는 전석 금연입니다. 담배는 삼가 주시기 바랍니다. 휴대전화는 좌석에서는 매너모드로 하거나 전원을 꺼 주시기 바랍니다. 휴대전화 통화는 갑판에서 부탁드립니다.

　또, 열차가 출발한 뒤, 차내판매가 좌석까지 찾아옵니다. 마실 것이나 간식, 도시락 등을 준비해 놓았으니 부디 이용해 주시기 바랍니다. 열차는 곧 출발합니다.

シャドーイングしてみよう

1回目

車内は / 全席 / 禁煙と / なります。/ お煙草は / ご遠慮ください。/ 携帯電話は、/ お座席では / マナーモードにするか / 電源を / お切りください。/ 携帯電話での / 通話は / デッキにて / お願いいたします。/ なお、/ 列車が / 発車した後、/ 車内販売が / お座席まで / 参ります。/ お飲みものや / おつまみ、/ お弁当など / ご用意して / おりますので、/ どうぞ / ご利用 / ください。

차내는 / 전석 / 금연 / 입니다. / 담배는 / 삼가 주시기 바랍니다. / 휴대전화는 / 좌석에서는 / 매너모드로 하거나 / 전원을 / 꺼 주시기 바랍니다. / 휴대전화 / 통화는 / 갑판에서 / 부탁드립니다. / 또, / 열차가 / 출발한 뒤, / 차내판매가 / 좌석까지 / 찾아옵니다. / 마실 것이나 / 간식, 도시락 등을 / 준비해 / 놓았으니 / 부디 / 이용해 주시기 / 바랍니다.

2回目

車内は / 全席禁煙となります。/ お煙草は / ご遠慮ください。/ 携帯電話は、/ お座席ではマナーモードにするか / 電源をお切りください。/ 携帯電話での通話は / デッキにて / お願いいたします。/ なお、/ 列車が発車した後、/ 車内販売が / お座席まで参ります。/ お飲みものやおつまみ、/ お弁当など / ご用意しております / ので、/ どうぞ / ご利用ください。

차내는 / 전석 금연입니다. / 담배는 / 삼가 주시기 바랍니다. / 휴대전화는 / 좌석에서는 매너모드로 하거나 / 전원을 꺼 주시기 바랍니다. / 휴대전화 통화는 / 갑판에서 / 부탁드립니다. / 또, / 열차가 출발한 뒤, / 차내판매가 / 좌석까지 찾아옵니다. / 마실 것이나 간식, / 도시락 등을 / 준비해 놓았으니 / 부디 / 이용해 주시기 바랍니다.

3回目

車内は全席禁煙となります。/ お煙草はご遠慮くだ

さい。/ 携帯電話は、お座席ではマナーモードにするか電源をお切りください。/ 携帯電話での通話はデッキにてお願いいたします。/ なお、列車が発車した後、車内販売がお座席まで参ります。/ お飲みものやおつまみ、お弁当などご用意しておりますので、/ どうぞご利用ください。

차내는 전석 금연입니다. / 담배는 삼가 주시기 바랍니다. / 휴대전화는 좌석에서는 매너모드로 하거나 전원을 꺼 주시기 바랍니다. / 휴대전화 통화는 갑판에서 부탁드립니다. / 또, 열차가 출발한 뒤, / 차내판매가 좌석까지 찾아옵니다. / 마실 것이나 간식, 도시락 등을 준비해 놓았으니 / 부디 이용해 주시기 바랍니다.

コラム

遅延証明書をもらおう

　皆さんは、電車やバスが遅れて遅刻してしまったことがありますか。大事な会議や授業があるのに、交通機関のせいで遅刻してしまうと、とても困りますね。時間に遅れることに厳しい日本では、電車やバスが原因で到着時間が遅れた場合、「遅延証明書」をもらうことができます。遅延証明書は、電車やバスが遅れたことを、鉄道会社やバス会社が公式的に証明する証明書です。会社や学校に遅延証明書を持って行くと、遅刻をしていないことにしてくれる場合があります。遅延証明書は、電車では駅でもらうことができます。バスの場合は会社ごとに違います。最近では、インターネットで発給するサービスもできました。日本に行って電車が遅れた時には、降りた駅で周りをよく見てみてください。何か配っている駅員さんがいるかもしれませんよ。

지연증명서를 받자

　여러분은 전철이나 버스가 늦어서 지각을 한 적이 있습니까? 중요한 회의나 수업이 있는데, 교통기관의 탓으로 지각을 해 버리면 무척 곤란하지요. 시간에 늦는 것에 엄격한 일본에서는 전차나 버스가 원인으로 도착시간에 늦은 경우, '지연증명서'를 받을 수가 있습니다. 지연증명서는 전철이나 버스가 늦은 것을 철도회사나 버스회사가 공식적으로 증명하는 증명서입니다. 회사나 학교에 지연증명서를 가지고 가면, 지각하지 않은 것으로 해주는 경우가 있습니다. 지연증명서는 전철은 역에서 받을 수 있습니다. 버스의 경우에는 회사마다 다릅니다. 최근에는 인터넷으로 발급하는 서비스도 생겼습니다. 일본에 가서 전철이 늦었을 경우에는 내린 역에서 주변을 잘 보시기 바랍니다. 무언가를 나눠주고 있는 역무원이 있을 지도 모릅니다.

11 日本社会の人付き合い

ウォーミングアップ

1

① お歳暮をいただきました。
② 引っ越し祝いをいただきました。
③ お土産をいただきました。
④ ご祝儀をいただきました。

① 연말 선물을 받았습니다.
② 이사 축하 선물을 받았습니다.
③ 기념품을 받았습니다.
④ 축의금을 받았습니다.

2

① 女 今日は引っ越しのお手伝いをありがとうございました。これ、よかったら召し上がってください。

　男 わあ、おいしそうなおそばですね。いただきます。

② 男 お中元って、いつ頃送った方がいいの？

　女 地域によっても違うけれど、7月ぐらいがいいんじゃないかな。

③ 男 これ、この間温泉に行って来たお土産なんだけど、よかったら使ってね。

　女 ありがとう！かわいいキーホルダーだね。大切に使わせてもらうね。

④ 男 上司の家を訪問する時の手土産って、どんなものがいいと思う？

　女 お菓子や飲みものとか、その方が好きなものを選んだらいいと思うよ。

① 여 오늘 이사를 도와주셔서 감사합니다. 이거, 괜찮으시면 드세요.
　남 와~ 맛있어 보이는 국수네요. 잘 먹겠습니다.

② 남 중원 선물은 언제 보내는게 좋아?
　여 지역에 따라서도 다르지만 7월쯤이 좋지 않을까.

③ 남 이거, 얼마 전에 온천에 갔다 온 기념품인데, 괜찮으면 써.
　여 고마워! 귀여운 열쇠고리네. 소중하게 쓸게.

④ 남 상사의 집을 방문할 때 무엇을 들고 가면 좋을까?
　여 과자나 마실 것이라든지, 그 분이 좋아하는 것을 고르면 되지 않을까 하는데.

聞いてみよう 1

女 金さん、忙しそうですね。

男 ええ、今週末、新しいマンションに引っ越すので、その準備でちょっと忙しいんです。仕事、早く終わらせて帰らないと。

女 今週末ですか。それは忙しいですね。

男 あ、そうそう、佐藤さんにちょっと聞きたいんですが、日本では引っ越しをした時、近所の人にあいさつをしますか。

女 そうですね。一般的にはするものですけれど、最近は、都会のマンションではあまりしなくなっていると思いますよ。

男 そうなんですね。僕たちは外国人で、いろいろ教えてもらうこともあると思うし、あいさつしておこうと思います。手土産は何がいいかなぁ。

女 引っ越しのあいさつの時は、タオルとか、お菓子のセットなんかが多いですね。そして、引っ越しと言えば引っ越しそばですよ。

男 え？そば？どうしてですか。

女 そばは細くて長いでしょう？だからこれからも長くお付き合いお願いします、とか、あなたのそばに参りました、よろしくお願いします、という意味を表すって聞いたことがありますよ。

男 へえ、おもしろいですね。じゃ、僕もそばを持って行くことにします。

女 それから、引っ越しを手伝ってくれた人にそばをごちそうしたり、自分たちが引っ越しをした日に食べたりもしますね。

男 なるほど。じゃ、佐藤さんも手伝いに来てくださいよ。一緒にそばを食べましょう！

女 あ、ごめんなさい。その日はもう約束が入っていて……。

男 え〜、一緒に食べたかったなぁ。

여 김 씨, 바쁜가 보네요.

남 네, 이번 주말에 새 맨션으로 이사를 하기 때문에, 그 준비로 조금 바쁩니다. 일을 빨리 끝내고 돌아가야 해서.

여 이번 주말이요? 그거 바쁘겠네요.

남 아, 맞다. 사토 씨에게 좀 물어보고 싶은것이 있는데요, 일본에서는 이사를 했을 때 근처 사람들에게 인사를 하나요?

여 음, 일반적으로 하지만 최근에는 도시 맨션에서는 그다지 하지 않는다고 생각해요.

남 그렇군요. 저희는 외국인이고 여러가지 도움을 받을 일도 있을 거라고 생각해서 인사를 해 두려고 생각하고 있어요.
인사 선물은 무엇이 좋으려나…….

여 이사 인사를 할 때에는 수건이나 과자 세트 등이 많지요.
그리고 이사라고 하면 이사 국수죠.

남 네? 국수? 어째서요?

여 국수는 가늘고 길잖아요? 때문에 앞으로도 길게 사귀기를
바랍니다 라든가, 당신의 옆에 이사 왔습니다, 잘 부탁드립
니다 라는 의미가 있다고 들은 적이 있어요.

남 오, 재미있네요. 그럼 저도 국수를 가지고 가겠습니다.

여 그리고 이사를 도와주는 사람에게 국수를 대접하거나, 본인
들이 이사를 한 날에 먹기도 해요.

남 그렇군요. 그럼 사토 씨도 도와주러 오세요.
같이 국수 먹어요!

여 아, 미안해요. 그 날은 벌써 약속이 있어서…….

남 에이, 같이 먹고 싶었는데.

聞いてみよう2

さあ、今年もあと1か月で終わりですね。12月と言えば「お歳暮」の季節でもありますが、皆さんは今年どなたかにプレゼントをする予定がありますか。今年1年お世話になりました、ありがとうございました、という感謝の気持ちを伝えるお歳暮という習慣を大切にしたいものですね。

今日はお歳暮についての調査の結果をお伝えしたいと思います。まず、「今年誰かにお歳暮をあげる予定がありますか」という質問について、半分以上の人が「予定がある」と答えていました。価格は3000円台のものを選ぶという人たちが一番多く、その次が5000円台でした。

「人にあげたいお歳暮」と「もらってうれしいお歳暮」についても聞いてみました。この二つの第1位はどちらも同じでした。皆さんも同じ考えでしょうか。答えは「ビールのセット」でした。ある人は「年末年始はお酒を飲む機会が増えるので、ビールはいくらあっても困らない」と言っています。特に、高級感のあるギフト専用のビールに人気があるようです。もらってうれしいお歳暮の2位は「ハム・ソーセージ」、その次は「お菓子のセット」でした。

お歳暮を選ぶ時に大切にしているポイントについて、多かった答えは「国産のもの」というものでした。産地がしっかりしていることが安心につながっているようです。また、「いくらあっても無駄にならないもの、困らないもの」という答えも多くあった

ようです。受け取る人によいものを届けたい、喜んでもらいたい、という気持ちがこうした結果からも伝わってきますね。

자, 올해도 앞으로 한 달이면 끝이네요. 12월이라고 하면 '세모'의 계절이기도 한데, 여러분은 올해 누군가에게 선물을 할 예정이 있나요? 올해 1년동안 신세를 졌습니다, 감사합니다 라는 감사의 마음을 전하는 세모라는 관습을 소중히 하고 싶네요.

오늘은 '세모'에 대한 조사 결과를 전해드리려고 합니다. 우선, '올해 누군가에게 세모 선물을 줄 예정이 있습니까?'라는 질문에 절반 이상의 사람들이 '예정이 있다'라고 대답했습니다. 가격은 3000엔대의 것을 고른다는 사람이 가장 많았고, 그 다음이 5000엔대였습니다.

'다른 사람에게 주고 싶은 세모 선물'과 '받았을 때 기쁜 세모 선물'에 대해서도 물어보았습니다. 이 두 가지의 1위는 같았습니다. 여러분도 같은 생각이신가요? 대답은 '맥주세트'였습니다. 어떤 사람은 '연말연시에는 술을 마실 기회가 많아지기 때문에 맥주는 얼마가 있어도 곤란하지 않다'라고 했습니다. 특히, 고급스러운 선물 전용 맥주가 인기가 있다고 합니다. 받아서 기쁜 세모 선물의 2위는 '햄·소세지', 그 다음은 '과자세트'였습니다.

세모 선물을 고를 때에 중요하게 생각하는 포인트에 대해, 많이 나온 대답은 '국산'이라는 것이었습니다. 산지가 분명한 것에 안심할 수 있는 듯 합니다. 또, '얼마가 있어도 쓸모가 있는 것, 곤란하지 않은 것'이라는 대답도 많았습니다.

받는 사람에게 좋은 것을 전하고 싶다, 기뻐했으면 좋겠다 라는 마음이 이러한 결과에서도 전해져 오는군요.

シャドーイングしてみよう

1回目

さあ、今年も / あと1か月で / 終わりですね。/ 12月と言えば / 「お歳暮」の / 季節でも / ありますが、/ 皆さんは / 今年どなたかに / プレゼントをする / 予定が / ありますか。/ 今年1年 / お世話になりました、/ ありがとうございました、/ という感謝の / 気持ちを / 伝える / お歳暮という / 習慣を / 大切に / したいものですね。

자, 올해도 / 앞으로 한 달이면 / 끝이네요. / 12월이라고 하면 / '세모'의 / 계절이기도 / 한데, / 여러분은 / 올해 누군가에게 / 선물을 할 / 예정이 / 있나요? / 올해 1년동안 / 신세를 졌습니다, / 감사합니다 / 라는 감사의 / 마음을 / 전하는 / 세모라는 / 관습을 / 소중히 / 하고 싶네요.

2回目

さあ、今年もあと1か月で / 終わりですね。/ 12月と言えば / 「お歳暮」の / 季節でもありますが、/ 皆さんは今年どなたかに / プレゼントをする / 予定があり

ますか。/ 今年1年 / お世話になりました、/ ありがとうございました、/ という感謝の / 気持ちを伝える / お歳暮という習慣を / 大切にしたいものですね。

자, 올해도 앞으로 한 달이면 / 끝이네요. / 12월이라고 하면 / '세모'의 / 계절이기도 한데, / 여러분은 올해 누군가에게 / 선물을 할 / 예정이 있나요? / 올해 1년동안 / 신세를 졌습니다, / 감사합니다 / 라는 감사의 / 마음을 전하는 / 세모라는 관습을 / 소중히 하고 싶네요.

3回目

さあ、今年もあと1か月で終わりですね。/ 12月と言えば / 「お歳暮」の季節でもありますが、/ 皆さんは今年どなたかにプレゼントをする予定がありますか。/ 今年1年 / お世話になりました、/ ありがとうございました、/ という感謝の気持ちを伝えるお歳暮という習慣を / 大切にしたいものですね。

　自、올해도 앞으로 한 달이면 끝이네요. / 12월이라고 하면 / '세모'의 계절이기도 한데, / 여러분은 올해 누군가에게 선물을 할 예정이 있나요? / 올해 1년동안 / 신세를 졌습니다, / 감사합니다 / 라는 감사의 마음을 전하는 세모라는 관습을 / 소중히 하고 싶네요.

コラム

お返しの文化

　外国ではあまり行われていない、日本の文化の一つに「お返し」の文化があります。結婚や出産やお葬式など、大きな喜びや悲しみに贈られたものに対して、受け取った側が贈りものをお返しするという習慣です。昔、日本では結婚式やお葬式などの際に、同じ村に住んでいる近所の人たちが米や野菜などの食べもの、お金などを持ち寄って助け合っていました。そして行事が終わると、残ったものを近所の人たちにお返しするということから、お返しの文化はきていると言われています。お中元やお歳暮はそれ自体が感謝の気持ちを表すものなので、特にお返しは必要ではありません。病気や災害に対するお見舞いに対するお返しも、特に必要なものではありませんが、一般的に、病気から回復して元気になった時には、「快気祝い」という贈りものでお見舞いに対する感謝の気持ちを表すことが多いようです。

돌려주기 문화

　외국에서는 그다지 행해지고 있지 않은 일본의 문화 중 하나는 '돌려주기' 문화입니다. 결혼이나 출산, 장례 등 큰 기쁨이나 슬픔으로 보낸 물건에 대해 받은 쪽이 선물을 돌려주는 관습입니다. 옛날, 일본에서는 결혼식이나 장례식때 같은 마을에 살고 있는 주변 사람들이 쌀이나

야채 등의 먹을 것과 돈을 조금씩 모아 서로 도왔습니다. 그리고 행사가 끝나면 남은 것을 주변 사람들에게 돌려주었다는 일에서 돌려주기 문화는 전해졌다고 합니다. 중원이나 세모 선물은 그 자체가 감사의 마음을 표현하는 것으로, 특별히 돌려줄 필요는 없습니다. 병이나 재해에 대한 문병에 대해 돌려주기도 특별히 필요는 없지만, 일반적으로 병에서 회복한 때에 '쾌차 선물'이라는 선물로, 병문안을 와준 것에 대한 감사의 마음을 표현하는 일이 많다고 합니다.

12 いろいろな行事

ウォーミングアップ

1

① お正月は家で家族と一緒におせちが食べたいな。
② 明日は迎え盆だから、祭壇の準備をしなくちゃ。
③ 来年は着物を着て初詣に行きたいな。
④ 福袋、いいものがいっぱい入ってたよ。

　① 설날에는 집에서 가족들과 함께 설 음식을 먹고 싶다.
　② 내일은 조상님의 혼을 맞이하는 날이니까, 제단을 준비해야지.
　③ 내년에는 기모노를 입고 첫 참배를 가고 싶다.
　④ 복 주머니, 좋은 것이 가득 들어 있었어.

2

① **男** お正月はどう過ごしたいですか。
　女 私は実家に帰ってゆっくりしたいです。
② **男** そろそろ初詣に行こうか。
　女 私、着物着て行こうかな。
③ **男** 韓国のチュソクと日本のお盆って同じですか。
　女 似ているけど、違うものですよ。
④ **男** チュソクには何をするの。
　女 家族で集まって、チャレをしたり、一緒にご飯を食べたりするよ。

　① 남 설날은 어떻게 보내고 싶나요?
　　여 저는 부모님 집에 돌아가서 푹 쉬고 싶어요.
　② 남 슬슬 참배하러 갈까.
　　여 나 기모노 입고 갈까봐.
　③ 남 한국의 추석과 일본의 오봉은 같나요?
　　여 비슷하지만 달라요.
　④ 남 추석에는 무엇을 해?
　　여 가족들끼리 모여서 차례를 지내거나 함께 밥을 먹거나 해.

聞いてみよう1

司会者 お正月の過ごし方について、たくさんの方からお便りをいただきました。お便りの内容を見ていくと、一番多いのが、何だと思いいます？

女 そうですね。「実家に帰省する」ですか？

司会者 残念。男女ともに「寝正月」。家でゴロゴロするという意見でした。お正月くらいは、ゆっくりしたいという人が多いですね。

女 いつも忙しいから、ゆっくり休める時間は貴重ですよね。でも、私は個人的には、お正月の特別な雰囲気をもっと積極的に味わいたいなって思っちゃうんですよね。

司会者 田中さんのようなご意見も実は多くて、女性の場合は2位が「神社や寺院に初詣に行く」、3位が「実家に帰省する」、4位が「初売りに行って福袋を買う」、5位が「おせちやお雑煮など正月料理を実家で楽しむ」でした。

女 実家でっていうのが、ポイントかもしれませんよね。

司会者 そうですね。既婚の女性からはこんなご意見も寄せられています。「私の夫は本家の長男。だから、お正月はいつも「嫁」として田舎の家に手伝いに行かなければなりません。本当は行きたくないんだけどな。」

女 うーん、本家の長男の嫁は大変ですよね。うちの母がそうだったんですよ。お正月はお客さんが次から次へと来るから、うちの母は朝から晩まで台所にいました。

司会者 いやー、それは大変でしたね。

女 そうですよね。母にとっては大変だったと思うのですが、子どもの私にとってお正月はやっぱり楽しみでしたね。年末のお餅つきから始まって、正月三が日までは、本当に特別な日でした。お年玉ももらえるし。

司会者 なるほど。確かに子どもにとってのお正月って、特別ですよね。それから……。

사회자 설날을 보내는 방법에 대해서, 많은 분들로부터 편지가 도착했습니다. 편지의 내용을 살펴봤을 때, 가장 많은 것이 뭐라고 생각하세요?

여 글쎄요, '부모님댁에 돌아간다'인가요?

사회자 아쉽네요. 남녀 모두 '잔다'입니다. 집에서 느긋하게 있는다는 의견이었습니다. 설날 정도는 편히 보내고 싶다는 사람이 많군요.

여 언제나 바쁘니까 편하게 쉴 수 있는 시간은 귀중하지요. 하지만, 저는 개인적으로는 설날의 특별한 분위기를 좀 더 적극적으로 느끼고 싶다고 생각해요.

사회자 다나카 씨와 같은 의견도 사실은 많은데, 여성의 경우에는 2위가 '신사나 사원에 첫 참배를 간다', 3위가 '부모님댁에 돌아간다', 4위가 '첫 판매에 가서 복주머니를 산다', 5위가 '오세치나 떡국 등 설 음식을 부모님댁에서 즐긴다'입니다.

여 부모님댁이라는 것이 중요한 것 같네요.

사회자 그렇네요. 기혼 여성으로부터는 이런 의견도 나왔습니다. "제 남편은 본가의 장남입니다. 그래서 설날에는 언제나 '며느리'로서 시골집에 일을 도우러 가야만 합니다. 사실은 가기 싫은데."

여 음, 본가의 장남의 부인은 큰일이군요. 저희 어머니가 그랬어요. 설날에는 손님들이 계속해서 오시는 바람에, 저희 어머니는 아침부터 밤까지 부엌에 계셨어요.

사회자 이야, 그거 힘드셨겠네요.

여 그렇겠죠. 어머니는 힘드셨겠지만, 어린 저에게 설날은 역시 즐거운 날이었어요. 연말의 떡 치기에서부터 시작해 정월 초삼일까지는 정말 특별한 날이었어요. 세뱃돈도 받을 수 있고.

사회자 그렇군요. 확실히 아이들에게 설날은 특별하죠. 그럼 …….

聞いてみよう2

　日本と韓国には、似ている年中行事がたくさんあります。その中の一つとして、「お盆」と韓国の「チュソク」が挙げられます。私は、日本でのお盆を是非体験してみたいと思い、8月13日から16日まで、まさにご先祖様がうちに帰るのと同じ期間、友だちのうちにホームステイさせてもらったのです。そこで見たお盆の行事は、チュソクとは似ているけれども、異なるものでした。

　一番大きな違いは、「迎え盆」と「送り盆」という行事があることです。お盆では、迎え盆の13日にお寺までご先祖様を迎えに行き、送り盆の16日朝にお寺まで送って行きます。チュソクには、そのような行事はないので、とても驚きました。

　また、もう一つの大きな違いは、祭壇とお供えものです。チュソクでは、ご先祖様を祭る祭壇にたくさんの食べものを供えて、チャレを行います。その後、その食べものをみんなで食べる風習があります。一方で、日本では祭壇に供える食べものはあまり多くありません。また、それをすぐにみんなで食べたりしません。

일본과 한국에는 비슷한 연중행사가 많이 있습니다. 그 중 하나로 '오봉'과 한국의 '추석'을 들 수 있습니다. 저는 일본에서의 오봉을 꼭 경험해 보고 싶어서 8월 13일부터 16일까지, 딱 조상님이 집에 돌아오시는 것과 같은 기간에 친구집에서 홈스테이를 하게 되었습니다. 거기서 본 오봉의 행사는 추석과 비슷하면서도 달랐습니다.

가장 큰 차이는 '맞이하기'와 '보내기'라는 행사가 있는 것입니다. 오봉은 맞이하는 날인 13일에 절까지 조상님을 맞이하러 가고, 보내는 날인 16일 아침에 절까지 배웅하러 갑니다. 추석에는 그러한 행사가 없어서 매우 놀랐습니다.

또 한 가지 큰 차이는 제단과 제단에 올리는 물건입니다. 추석에는 조상님을 기리는 제단에 음식을 많이 준비해서 차례를 지냅니다. 그 뒤에 그 음식을 모두 같이 먹는 풍습이 있습니다. 한편으로, 일본에서는 제단에 올리는 음식은 그다지 많지 않습니다. 또, 그것을 바로 다 같이 먹거나 하지 않습니다.

シャドーイングしてみよう

1回目

日本と / 韓国には、/ 似ている / 年中行事が / たくさん / あります。/ その中の / 一つとして、「お盆」と / 韓国の /「チュソク」が / 挙げられます。/ 私は、/ 日本での / お盆を / 是非 / 体験してみたいと / 思い、/ 8月13日から / 16日まで、/ まさに / ご先祖様が / うちに / 帰るのと / 同じ期間、/ 友だちの / うちに / ホームステイさせて / もらったのです。/ そこで / 見た / お盆の / 行事は、/ チュソクとは / 似ているけれども、/ 異なる / ものでした。

일본과 / 한국에는 / 비슷한 / 연중행사가 / 많이 / 있습니다. / 그 중 / 하나로 / '오봉'과 / 한국의 / '추석'을 / 들 수 있습니다. / 저는 / 일본에서의 / 오봉을 / 꼭 / 경험해 보고 / 싶어서 / 8월 13일부터 / 16일까지, / 딱 / 조상님이 / 집에 / 돌아오시는 것과 / 같은 기간 / 친구 / 집에서 / 홈스테이를 하게 / 되었습니다. / 거기서 / 본 / 오봉의 / 행사는 / 추석과는 / 비슷하면서도 / 달랐습니다.

2回目

日本と韓国には、/ 似ている年中行事が / たくさんあります。/ その中の一つとして、「お盆」と韓国の /「チュソク」が / 挙げられます。/ 私は、/ 日本でのお盆を / 是非体験してみたいと思い、/ 8月13日から / 16日まで、/ まさにご先祖様が / うちに帰るのと / 同じ期間、/ 友だちのうちに / ホームステイさせてもらったのです。/ そこで見た / お盆の行事は、/ チュソクとは / 似ているけれども、/ 異なるものでした。

일본과 한국에는 / 비슷한 연중행사가 / 많이 있습니다. / 그 중 하나로 / '오봉'과 한국의 '추석'을 / 들 수 있습니다. / 저는 / 일본에서의 오봉을 / 꼭 경험해 보고 / 싶어서 / 8월 13일부터 / 16일까지, / 딱 조상님이 / 집에 돌아오시는 것과 / 같은 기간에 / 친구집에서 / 홈스테이를 하게 되었습니다. / 거기서 본 / 오봉의 행사는 / 추석과는 / 비슷하면서도 / 달랐습니다.

3回目

日本と韓国には、/ 似ている年中行事がたくさんあります。/ その中の一つとして、/「お盆」と韓国の /「チュソク」が / 挙げられます。/ 私は、/ 日本でのお盆を是非体験してみたいと思い、/ 8月13日から16日まで、/ まさにご先祖様がうちに帰るのと同じ期間、/ 友だちのうちにホームステイさせてもらったのです。/ そこで見たお盆の行事は、/ チュソクとは似ているけれども、/ 異なるものでした。

일본과 한국에는 / 비슷한 연중행사가 많이 있습니다. / 그 중 하나로 / '오봉'과 한국의 '추석'을 들 수 있습니다. / 저는 / 일본에서의 오봉을 꼭 경험해 보고 싶어서 / 8월 13일부터 16일까지, / 딱 조상님이 집에 돌아오시는 것과 같은 기간 / 친구집에서 홈스테이를 하게 되었습니다. / 거기서 본 오봉의 행사는 / 추석과는 비슷하면서도 / 달랐습니다.

コラム

ハレの日とケの日

「晴れ着」という言葉を聞いたことがありますか。お正月やお祭りなど、特別な日に着るきれいな服のことを言います。日本では、古くからお祭りや年中行事などの非日常を「ハレの日」と言って、普通の日と区別していました。普通の日は「ケの日」と呼びました。ハレの日は、着るものだけでなく、食べるものも違います。お餅やお赤飯などは、ハレの日の食べものです。お正月のおせち料理もそうです。また、ハレの日の食べものを食べる時には、器も普段は使わない、特別なものを使いました。昔はハレとケの日をきちんと区別して、ハレの日はにぎやかに生活し、ケの日はとても質素で落ち着いた生活をしていました。現代は昔ほどハレとケを区別しなくなりましたが、お正月や地域のお祭り、家族の誕生日などはハレの日だということを意識する人が多いようです。

하레의 날과 게의 날

'하레 옷'이라는 단어를 들어본 적이 있습니까? 설날이나 축제 등, 특별한 날에 입는 깨끗한 옷을 말합니다. 일본에서는 예로부터 축제나 연중행사 등의 비일상을 '하레의 날'이라고 해서, 보통날과 구별해

왔습니다. 보통날은 '게의 날'이라고 불렀습니다. 하레의 날은 입는 것 뿐만 아니라 먹는 것도 다릅니다. 떡이나 팥밥 등은 하레의 날에 먹는 음식입니다. 설날의 오세치 요리도 그렇습니다. 또 하레의 날에 음식을 먹을 때에는, 그릇도 평소에는 사용하지 않는 특별한 것을 사용합니다. 옛날에는 하레와 게의 날을 명확히 구분해서, 하레의 날에는 소란스럽게 생활하고, 게의 날에는 아주 소박하고 차분한 생활을 해 왔습니다. 현재는 옛날만큼 하레와 게를 구별하지 않게 되었지만, 설날이나 지역의 축제, 가족의 생일 등은 하레의 날이라고 의식하는 사람이 많은 것 같습니다.

13 自然と防災

ウォーミングアップ

1
① 地震が起きました。
② 津波の恐れがあります。
③ 台風が来ます。
④ 大雪が降りました。

① 지진이 일어났습니다.
② 해일의 위험이 있습니다.
③ 태풍이 옵니다.
④ 폭설이 내렸습니다.

2
① 女 防災のために、どんなことをしておいたらいいですか。
男 非常食や保存水を用意しておくといいと思います。
② 女 今日は避難訓練の日です。警報が鳴ったら、ただちに避難してください。
男 はい、分かりました。「備えあれば憂いなし」ですね。
③ 男 大雪で、国道4号線が通行止めになっているらしいよ。
女 それは大変！早く除雪してくれないかな。
④ 女 今回の災害でライフラインがストップしてしまいました。
男 水道、ガス、電気、どれも止まると非常に困りますね。

① 여 방재를 위해서 어떤 일을 해 두면 좋을까요?
남 비상식이나 보존수를 준비해 두면 좋을 거라 생각해요.
② 여 오늘은 피난훈련의 날입니다. 경보가 울리면 즉시 대피해 주세요.

남 네, 알겠습니다. '유비무환'이네요.
③ 남 폭설로 국도 4호선이 통행금지가 되었다고 해.
여 그거 큰일이네! 얼른 제설 작업을 해주지 않으려나.
④ 여 이번 재해로 라이프라인이 끊기고 말았습니다.
남 수도, 가스, 전기, 어느 것도 끊기면 정말 곤란하네요.

聞いてみよう1

司会者 今日のテーマは「災害に備える」です。地震や台風、大雪など、大きな自然災害が起きて、すぐ問題になるのは生きていくために必要な食糧ですよね。特に今日は非常食について専門家の大村先生にお話を伺いたいと思います。大村先生、よろしくお願いします。

男 よろしくお願いします。

司会者 では先生、早速ですが、非常食と言いますと3年とか5年とか、長く保存ができる缶詰などを大量に買って保存しておくというイメージがありますね。

男 ええ、そうですね。でもそれは失敗することも多いんです。気が付くと賞味期限が過ぎていて全部捨ててしまったとか。

司会者 そうなんですか。それよりもよい方法があるのでしょうか。

男 はい。今注目されているのは、「ローリングストック法」というやり方です。これは、毎月1回から2回、定期的に非常食を食べて、食べたらまた新しいものを買い、備えておくという方法なんです。

司会者 なるほど。その方法にはどんなメリットがありますか。

男 さまざまな商品の中から選ぶことができるということですね。この方法では食品の賞味期限をだいたい1年のものと考えています。そうすると種類も多いので、自分の好みにあう食品を選ぶことができます。

司会者 では、「ローリングストック法」はどのように行えばよいでしょうか。

男 非常食は最低でも4日分用意してほしいと思います。3人家族なら12食分用意する必要がありますね。これを押し入れなどではなく、キッチンなどすぐ食べられる場所に置いておきます。そして、毎月家族で「非常食を食べる日」を決めておいて、その日がきたら、保存している12食のうちの1食分を食べるようにするのです。

司会者 ああ、それは分かりやすいですね。そして食べたら1食分を買って保存しておくわけですね。

男 その通りです。ぜひ皆さんのご家庭でもやってみてください。

사회자 오늘의 테마는 '재해에 대비하다'입니다. 지진이나 태풍, 폭설 등 커다란 자연재해가 일어나면 바로 문제가 되는 것은 살아가기 위해 필요한 식량이죠. 특별히 오늘은 비상식에 대해서 전문가이신 오무라 선생님께 이야기를 들어보도록 하겠습니다. 오무라 선생님, 잘 부탁드리겠습니다.

남 잘 부탁드립니다.

사회자 그럼 선생님, 우선 비상식이라고 하시면 3년이나 5년 정도 오래 보존할 수 있는 통조림 등을 대량으로 사서 보유해 두는 이미지가 있습니다.

남 네, 그렇습니다. 하지만 그것은 실패하는 경우도 많습니다. 알아차렸을 때 유통기한이 지나서 전부 버리고 말았다든가.

사회자 그렇습니까? 그것보다 좋은 방법이 있을까요?

남 네. 지금 주목을 받고 있는 것은 '롤링 비축법'이라고 하는 방법입니다. 이것은 매월 1회나 2회, 정기적으로 비상식을 먹고, 먹고 나서 다시 새로운 것을 사서 구비해 두는 방법입니다.

사회자 그렇군요. 그 방법에는 어떤 이점이 있습니까?

남 여러가지 상품 중에서 고를 수 있다는 점이지요. 이 방법에서는 식품의 유통기한을 대개 1년 정도의 것을 생각하고 있습니다. 그렇게 하면 종류도 많아서 자신의 취향에 맞는 식품을 고를수 있습니다.

사회자 그럼 '롤링 비축법'은 어떻게 하면 될까요?

남 비상식은 최소한 4일분을 준비해 주시기 바랍니다. 3인 가족이라면 12식분을 준비할 필요가 있지요. 이것을 벽장 등이 아니라 부엌 등 바로 먹을 수 있는 장소에 두시기 바랍니다. 그리고 매달 가족끼리 '비상식을 먹는 날'을 정해서 그 날이 오면 보존하고 있는 12식 중 1식분을 먹는 것입니다.

사회자 아, 그것은 알기 쉽네요. 그리고 먹고 나서 1식분을 사서 보존하는 것이군요.

남 그렇습니다. 꼭 여러분의 가정에서도 해 보시기 바랍니다.

聞いてみよう2

関東地方では1日から2日まで大雪が降りました。このため、国道1号線では道に雪が積もって通行止めになり、バスやトラックなどが動くことができなくなりました。3日の午前11時になっても、600台以上の車が道に止まったままになっています。通行止めになっている道がある地域では、車に乗っている人が休んだりできる場所を用意しました。そして、食べものや水、ガソリンなどを配っています。

JR中央線は、2日から列車が止まったままになっています。JRは客を近くの体育館などに案内しました。また、列車の中に残っている客には食べものや飲みものを配りました。国やJRは急いで道路や線路から雪を取り除いています。しかし、雪を完全に取り除くためにはあと1週間ほどかかりそうです。

雪の影響で、水が出なくなっている家も約70軒あります。このため、雪を取り除くのに時間がかかりそうな地域に住んでいる人たちを自衛隊などのヘリコプターで運んだり、薬や食べものを届けたりすることにしました。

관동지방에서는 1일부터 2일까지 폭설이 내렸습니다. 이 때문에 국도 1호선에서는 길에 눈이 쌓여 통행금지가 되어, 버스나 트럭 등이 움직일 수 없게 되었습니다. 3일 오전 11시가 되어도 600대 이상의 차들이 도로에 멈춘 채로 있습니다. 통행금지가 된 도로가 있는 지역에서는 차에 타고 있는 사람들이 쉴 수 있는 장소를 준비했습니다. 그리고 먹을 것과 물, 기름 등을 나눠주고 있습니다.

JR 중앙선은 2일부터 열차가 멈춘 채로 있습니다. JR은 승객들을 가까운 체육관 등으로 안내했습니다. 또, 열차 안에 남아있는 승객들에게는 먹을 것을 나눠 주었습니다. 국가와 JR은 서둘러 도로와 선로로부터 눈을 치우고 있습니다. 그러나, 눈을 완전히 치우기 위해서는 앞으로 1주일 정도가 걸릴 것으로 보입니다.

눈의 영향으로 물이 나오지 않게 된 집도 약 70가구 정도 있습니다. 이 때문에 눈을 치우는데 시간이 걸릴 것으로 보이는 지역에 살고 있는 사람들을 자위대 등의 헬리콥터로 이동시키거나, 약이나 먹을 것을 전달해 주기로 했습니다.

シャドーイングしてみよう

1回目

関東地方では / 1日から / 2日まで / 大雪が / 降りました。/ このため、/ 国道1号線では / 道に / 雪が積もって / 通行止めになり、/ バスや / トラックなどが / 動くことが / できなくなりました。/ 3日の / 午前11時に

なっても、/ 600台 / 以上の / 車が / 道に / 止まったま
まに / なっています。

관동지방에서는 / 1일부터 / 2일까지 / 폭설이 / 내렸습니다. / 이 때문에 / 국도 1호선에서는 / 길에 / 눈이 쌓여 / 통행금지가 되어, / 버스나 / 트럭 등이 / 움직일 수 / 없게 되었습니다. / 3일 / 오전 11시가 되어도 / 600대 / 이상의 / 차들이 / 도로에 / 멈춘 채로 / 있습니다.

2回目

関東地方では / 1日から2日まで / 大雪が降りました。/ このため、/ 国道1号線では / 道に雪が積もって / 通行止めになり、/ バスやトラックなどが / 動くことができなくなりました。/ 3日の午前11時になっても、/ 600台以上の車が / 道に止まったままに / なっています。

관동지방에서는 / 1일부터 2일까지 / 폭설이 내렸습니다. / 이 때문에 / 국도 1호선에서는 / 길에 눈이 쌓여 / 통행금지가 되어, / 버스나 트럭 등이 / 움직일 수 없게 되었습니다. / 3일 오전 11시가 되어도 / 600대 이상의 차들이 / 도로에 멈춘 채로 / 있습니다.

3回目

関東地方では / 1日から2日まで大雪が降りました。/ このため、/ 国道1号線では道に雪が積もって通行止めになり、/ バスやトラックなどが / 動くことができなくなりました。/ 3日の午前11時になっても、/ 600台以上の車が / 道に止まったままになっています。

관동지방에서는 / 1일부터 2일까지 폭설이 내렸습니다. / 이 때문에 / 국도 1호선에서는 길에 눈이 쌓여 통행금지가 되어, / 버스나 트럭 등이 / 움직일 수 없게 되었습니다. / 3일 오전 11시가 되어도 / 600대 이상의 차들이 / 도로에 멈춘 채로 있습니다.

コラム

備えあれば憂いなし

「備えあれば憂いなし」は、何事も前もって準備しておけば心配することがないという意味です。特に日本は自然災害の多い国。そこで暮らす外国人もいつ被災者になるか分かりません。自然災害は防ぐことはできませんが、被害をできるだけ少なくする「減災」という考え方を頭に入れておきたいものです。日本では職場や学校で避難訓練を定期的に行っています。また、各自治体の国際交流協会などでは、外国人向けの防災訓練を行ったり、防災のための多言語情報DVDを作成していたりします。日本で生活することになった場合には、このような場に積極的

に参加して、いざという時に冷静に行動できるようにしてほしいと思います。また、学校や公共施設は避難場所となる場合が多いので、家の近くではどこに避難したらいいのか、確認しておくことも必要ですね。

유비무환

'유비무환'은 무슨 일이든 미리 준비해 두면 걱정할 일이 없다는 의미입니다. 특히 일본은 자연재해가 많은 나라. 그곳에서 살고 있는 외국인도 언제 이재민이 될지 알 수 없습니다. 자연재해는 막을 수 없지만, 피해를 가능한한 적게 하는 '감재'라고 하는 생각을 머릿속에 넣어두었으면 합니다. 일본에서는 직장이나 학교에서 피난훈련을 정기적으로 실시하고 있습니다. 또, 각 자치체의 국제교류협회 등에서는 외국인을 대상으로 방재훈련을 실시하고 있고, 방재를 위한 다국어 정보 DVD를 제작하거나 하고 있습니다. 일본에서 생활하게 된 경우에는 이러한 곳에 적극적으로 참가해서, 여차하는 순간에 차분하게 행동할 수 있도록 하길 바랍니다. 또 학교나 공공시설은 피난장소가 되는 경우가 많으니, 집 근처에서는 어디로 피난을 해야 할지 확인해 두는 것도 필요합니다.

14 私たちの社会と世界

ウォーミングアップ

1

① リサイクルできるものは、ちゃんと分別して捨てなくちゃ。
② 下の子を来年から保育園に入れようと思っているの。
③ ペットボトルは、ここに捨てていい？
④ この辺りに住んでいるのは、ほとんどが核家族だよ。

　① 재활용 할 수 있는 것은 제대로 분별해서 버려야지.
　② 작은 아이를 내년부터 보육원에 넣으려고 생각하고 있어.
　③ 페트병은 여기 버려도 돼?
　④ 이 근처에 살고 있는 사람들은 대부분 핵가족이다.

2

① **男** うちは、夫婦で話し合って子どもは産まないことにしたんですよ。
　女 そうですか。そういう選択もありますよね。
② **男** これ、燃えるごみだっけ。
　女 ううん、それは燃えないごみだよ。
③ **男** あ、マイ箸ですか。
　女 はい、いつも持って来ているんです。

④ **男** 最近、仕事を頑張っている女性が増えてきましたね。

　女 そうですね。女性の社会進出が進みましたからね。

① 남 우리집은 부부끼리 이야기를 해서 아이를 낳지 않기로 했습니다.

　여 그래요. 그런 선택도 있죠.

② 남 이거 타는 쓰레기인가?

　여 아니, 그건 타지 않는 쓰레기야.

③ 남 아, 개인 젓가락인가요.

　여 네, 늘 가지고 다니거든요.

④ 남 최근 일에 열중하는 여성이 많아졌네요.

　여 그렇네요. 여성의 사회진출이 늘어났으니까요.

聞いてみよう 1

司会者 今日は、少子化問題と日本の未来というテーマで、ゲストの方々と話し合っていきたいと思います。まず、少子化問題についてご意見を伺いたいと思います。

横山 あの、少子化問題は、やはり女性が社会進出して、結婚が遅くなったことが大きな要因の一つとして挙げられると思います。若い時は仕事に励むので、結婚して子どもを産む時期が遅くなってしまい、結果的に子どもをあまり産まないということじゃないでしょうか。

内田 あの、確かに、そのような傾向もあると思います。しかし、理由はそれだけでしょうか。働く女性が子どもを産んで育てていく環境ができていないのが、より大きな問題ではないかと私は思います。

上村 私も内田さんと同じ意見です。保育園が足りなかったり、核家族化で周りにサポートしてもらえる環境がないので、子どもを産めないという人は周りにたくさんいます。フランスでは出産と育児に関する制度を充実させて、少子化を克服したという実績があるそうですが、日本も同じように実践したらいいと思います。

横山 たしかに、フランスの制度は見習わなければならない面もあると思います。でも、日本とは社会の仕組みが違うので、全く同じようにするのはちょっとね。

町田 あの、今までとちょっと違う意見なんですけどいいですか。私の場合、夫婦で話し合って子どもは産まないことにしました。私は、一番大切なのは、自分の人生だと思うんですよ。もっと仕事も頑張りたいし、趣味も楽しみたい。そういう人は、子どもを産まない選択もあると思います。

内田 確かに、それは、個人の自由ですよね。でも、子どもがいなければ、将来年金がもらえなくなったり、労働者が足りなくなったりします。未来の日本は大変な社会になりますよ。

町田 うーん、でもそのために子どもを産むっていうのは、ちょっと違うんじゃないですか。社会の変化に合わせてシステムも変えていけばいいと思うんですけど。

司会者 皆さんのさまざまなご意見を聞いて、少子化問題にはいろいろな要因があることが分かりました。では、これからは、今までの議論を踏まえて、未来の日本について皆さんのご意見を伺っていきたいと思います。

사회자　오늘은 저출산 문제와 일본의 미래라는 주제로 게스트 여러분과 이야기를 해보려고 합니다. 우선, 저출산 문제에 대해서 의견을 들어보겠습니다.

요코야마　저, 저출산 문제는 역시 여성이 사회진출을 해서 결혼이 늦어진 것이 가장 큰 요인 중 하나로 들 수 있다고 생각합니다. 젊을 때에는 일에 매진하느라 결혼해서 아이를 낳을 시기가 늦어져, 결과적으로 아이를 그다지 낳지 않는 것이 아닐까요.

우치다　저, 분명 그러한 경향도 있다고 생각합니다. 그러나, 이유는 그것뿐일까요? 일하는 여성이 아이를 낳고 기르는 환경이 조성되어 있지 않은 것이 보다 큰 문제가 아닌가 저는 생각합니다.

우에무라　저도 우치다 씨와 같은 의견입니다. 보육원이 부족하거나 핵가족이라 주변에서 도와줄 수 있는 환경이 아니어서 아이를 낳지 않는다고 하는 사람은 주변에 많이 있습니다. 프랑스에서는 출산과 육아에 관한 제도를 보완해서 저출산 극복했다는 실적이 있다고 하는데, 일본도 마찬가지로 실천하면 좋겠다고 생각합니다.

요코야마　확실히 프랑스의 제도는 본받을 만한 면이 있다고 생각합니다. 하지만, 일본과는 사회 구조가 다르기 때문에 완전히 똑같이 하는 것은 글쎄요.

마치다　저, 지금까지와 조금 다른 의견이지만 괜찮을까

요? 저의 경우, 부부끼리 얘기해서 아이는 낳지 않기로 했습니다. 저는 가장 중요한 것은 자기의 인생이라고 생각합니다. 좀 더 일도 열심히 하고 싶고, 취미도 즐기고 싶고. 그런 사람은 아이를 낳지 않는 선택도 있다고 생각합니다.

우치다　분명 그것은 개인의 자유겠죠. 하지만 아이가 없으면 장래 연금을 받을 수 없게 되거나, 노동자가 부족해질 수 있습니다. 미래의 일본은 어려운 사회가 될 것입니다.

마치다　음, 하지만 그래서 아이를 낳는다고 하는 것은 조금 아니지 않나요? 사화의 변화에 맞춰서 시스템도 바꿔가면 된다고 생각하는데요.

사회자　여러분의 다양한 의견을 듣고, 저출산 문제에는 여러가지 요인이 있다는 것을 알게 되었습니다. 그럼, 이제부터는 지금까지의 논의를 바탕으로 미래의 일본에 대한 여러분의 의견을 듣고 싶습니다.

聞いてみよう2

こんばんは。時事公論です。先週、大阪市のごみ処理場の問題が話題となりましたが、毎日の生活で出てくるごみをどう処理するかは、世界的な課題となっています。ごみは燃やすとダイオキシンが発生し、埋めると土壌汚染が起きてしまいます。ごみの問題を解決するためには、それ以外の方法を見つけることが大切です。

環境先進国のヨーロッパでは、ごみ処理対策として4Rという原則を作り、ごみを減らすことに成功しました。4Rとは、リフューズ、リデュース、リユース、リサイクルのことです。ヨーロッパでは、ごみは、企業と消費者が処理費用を支払うことになっています。そのため、企業はできるだけごみが出ないような製品を作りますし、消費者もごみが出ない商品や、出てもできるだけ少ない商品を選ぶようになるのです。そうすると社会全体が、何度も使えるものを用いるようになります。

例えば、ヨーロッパではペットボトルは何回か再利用することになっています。また、シャンプーなどは容器を持って行けば中身を詰めてもらえるシステムがあります。このようにごみを減らして、最後に行うのがリサイクルです。

日本のような「大量生産・大量消費・大量廃棄・リサイクル」のシステムでは、ごみは減りませんし、リサイクルをする時もその過程で大量のエネルギーが必要になります。まずは全体のごみを減らすことが最もよいのです。

안녕하세요. 시사공론입니다. 지난주, 오사카시의 쓰레기 처리장 문제가 화제가 되었습니다만, 매일 생활속에서 발생하는 쓰레기를 어떻게 처리할 것인가는 세계적인 과제가 되었습니다. 쓰레기는 태우면 다이옥신이 발생하고, 묻으면 토양오염이 발생합니다. 쓰레기 문제를 해결하기 위해서는 그 이외의 방법을 찾아내는 것이 중요합니다.

환경선진국인 유럽에서는 쓰레기 처리책으로서 4R이라는 원칙을 만들어, 쓰레기를 줄이는 것에 성공했습니다. 4R이란, 거절(Refuse), 감소(Reduce), 재사용(Reuse), 재활용(Recycle)을 말합니다. 유럽에서는 쓰레기는 기업과 소비자가 처리비용을 지불하도록 되어 있습니다. 그 때문에 기업은 되도록 쓰레기가 나오지 않는 제품을 만들고, 소비자도 쓰레기가 나오지 않는 상품이나, 나와도 가능한한 적은 상품을 고르게 됩니다. 그렇게하면 사회 전체가 몇번이고 사용할 수 있는 물건을 쓰게 됩니다.

예를 들면, 유럽에서는 페트병은 몇 번이나 재이용하도록 되어 있습니다. 또, 샴푸 등은 용기를 가지고 가면 내용물을 채워주는 시스템이 있습니다. 이렇게 쓰레기를 줄이고 마지막으로 시행하는 것이 재활용입니다.

일본과 같은 '대량 생산·대량 소비·대량 폐기·재활용'의 시스템에서는 쓰레기는 줄어들지 않고, 재활용을 할 때도 그 과정에서 대량의 에너지가 필요하게 됩니다. 우선은 전체 쓰레기를 줄이는 것이 무엇보다 좋을 것입니다.

シャドーイングしてみよう

1回目

ヨーロッパでは、/ ごみは、/ 企業と / 消費者が / 処理費用を / 支払うことに / なっています。/ そのため、/ 企業は / できるだけ / ごみが / 出ないような / 製品を / 作りますし、/ 消費者も / ごみが出ない / 商品や、/ 出ても / できるだけ / 少ない商品を / 選ぶように / なるのです。/ そうすると / 社会全体が、/ 何度も / 使える / ものを / 用いるように / なります。

유럽에서는 / 쓰레기는 / 기업과 / 소비자가 / 처리비용을 / 지불하도록 / 되어 있습니다. / 그 때문에 / 기업은 / 되도록 / 쓰레기가 / 나오지 않는 / 제품을 / 만들고, / 소비자도 / 쓰레기가 나오지 않는 / 상품이나, / 나와도 / 가능한한 / 적은 상품을 / 고르게 / 됩니다. / 그렇게 하면 / 사회 전체가 / 몇번이고 / 사용할 수 있는 물건을 / 쓰게 / 됩니다.

2回目

ヨーロッパでは、/ ごみは、/ 企業と消費者が / 処理費用を / 支払うことになっています。/ そのため、/ 企業はできるだけ / ごみが出ないような / 製品を作りますし、/ 消費者も / ごみが出ない商品や、/ 出ても /

できるだけ少ない商品を / 選ぶようになるのです。/ そうすると / 社会全体が、/ 何度も使えるものを / 用いるようになります。

ヨーロッパでは、/ ごみは、/ 企業と消費者が / 処理費用を支払うことになっています。/ そのため、/ 企業はできるだけ / ごみが出ないような製品を作りますし、/ 消費者も / ごみが出ない商品や、/ 出てもできるだけ少ない商品を / 選ぶようになるのです。/ そうすると社会全体が、/ 何度も使えるものを用いるようになります。

유럽에서는 / 쓰레기는 기업과 소비자가 / 처리비용을 / 지불하도록 되어 있습니다. / 그 때문에 / 기업은 되도록 / 쓰레기가 나오지 않는 / 제품을 만들고, / 소비자도 / 쓰레기가 나오지 않는 상품이나, / 나와도 / 가능한한 적은 상품을 / 고르게 됩니다. / 그렇게하면 / 사회 전체가 / 몇번이고 사용할 수 있는 물건을 / 쓰게 됩니다.

3回目

ヨーロッパでは、ごみは、/ 企業と消費者が / 処理費用を支払うことになっています。/ そのため、/ 企業はできるだけ / ごみが出ないような製品を作りますし、/ 消費者も / ごみが出ない商品や、/ 出てもできるだけ少ない商品を / 選ぶようになるのです。/ そうすると社会全体が、/ 何度も使えるものを用いるようになります。

유럽에서는 쓰레기는 / 기업과 소비자가 / 처리비용을 지불하도록 되어 있습니다. / 그 때문에, / 기업은 되도록 / 쓰레기가 나오지 않는 제품을 만들고, / 소비자도 / 쓰레기가 나오지 않는 상품이나, / 나와도 가능한한 적은 상품을 / 고르게 됩니다. / 그렇게하면 사회 전체가 / 몇번이고 사용할 수 있는 물건을 쓰게 됩니다.

コラム

「もったいない」と「MOTTAINAI」

みなさんは、「もったいない」という言葉を聞いたことがありますか。まだ使えるものや、食べられるものを捨てようとする時、そのものが使えなくなってしまったり、食べられなくなってしまうことを惜しんで、「もったいないね」と言います。自然やものに対して、敬意や愛をこめて使う言葉です。この「もったいない」という言葉を世界的に有名にしたのが、ケニア出身の環境保護活動家であるワンガリー・マタイという人です。彼女は、2005年、京都議定書関連行事のため日本を訪れた時に、「もったいない」という言葉に出会い、感銘を受けました。リデュース、リユース、リサイクル、リスペクトの概念を一語で表せると思ったからです。それから、「MOTTAINAI」を世界共通の言葉として広めようと活動しています。自然やものに対して、敬意や愛をこめて接すれば、多くの環境問題は解決していけるのではないでしょうか。「MOTTAINAI」の気持ち、

大切にしたいですね。

'아깝다'와 'MOTTAINAI'

여러분은 '아깝다'라는 말을 들어본 적이 있습니까? 아직 사용할 수 있는 것이나 먹을 수 있는 것을 버리려고 할 때, 그것이 사용할 수 없게 되거나, 먹을 수 없게 되는 것을 안타까워하며 '아깝다'라고 합니다. 자연이나 물건에 대해 경의와 애정을 담아 사용하는 말입니다. 이 '아깝다'라고 하는 말을 세계적으로 유명하게 한 것이 케냐 출신의 환경보호활동가인 왕가리 마타이라는 사람입니다. 그녀는 2005년 교토의정서 관련 행사를 위해 일본을 방문했을 때, '아깝다'라는 말과 접하고 감명을 받았습니다. 감소, 재사용, 재활용, 존경의 개념을 한 단어로 나타낸다고 생각했기 때문입니다. 그 뒤로 'MOTTAINAI'를 세계 공통의 단어로서 확산시키고자 활동하고 있습니다. 자연이나 물건에 대해 경의와 애정을 담아 대하면, 많은 환경문제는 해결될 수 있지 않을까요. 「MOTTAINAI」의 마음, 소중히 하고 싶습니다.

15 言葉

ウォーミングアップ

1

① 息子は幼稚園に通っています。
② グローバル社会を生きなければなりません。
③ 英語に親しみたいと思います。
④ ビジネスに役立ちそうです。

  ① 아들은 유치원에 다니고 있습니다.
  ② 글로벌 사회를 살아가야만 합니다.
  ③ 영어에 친숙해지고 싶습니다.
  ④ 비즈니스에 도움이 될 것 같네요.

2

① 女 早期英語教育に興味がありますか。
  男 はい、子どもには幼稚園から英語を学ばせようと思っています。
② 女 好きなことわざを教えてください。
  男 「習うより慣れろ」です。私は英語をその考え方で身につけました。
③ 女 体の名前を含んだ慣用句は韓国語と違うものも多いですね。
  男 ええ、例えば「顔が広い」は韓国語では「足が広い」と表現しますね。
④ 男 国語の入試問題の漢字、全部書きましたか。
  女 いいえ、「こんな難しい漢字書ける人いるの？」って首をかしげたくなりました。

  ① 여 조기 영어 교육에 흥미가 있나요?

남　네, 아이에게는 유치원때부터 영어를 배우게 하려고 생각
　　하고 있습니다.

② 여　좋아하는 속담을 가르쳐 주세요.
　　남　'배우기보다 익숙해져라'입니다. 저는 영어를 그런 생각으
　　　　로 익혔습니다.

③ 여　신체 부위가 들어간 관용구는 한국어와 다른 것도 많네요.
　　남　네, 예를 들면 '顔が広い'는 한국어로는 '발이 넓다'라고 표
　　　　현하죠.

④ 남　국어 입시문제의 한자, 전부 쓸 수 있었어요?
　　여　아뇨. '이렇게 어려운 한자 쓸수 있는 사람이 있어?'라고
　　　　고개를 갸웃했다니까요.

聞いてみよう 1

男　鈴木さん、この本面白かったですよ。貸してく
　　れてありがとうございました。

女　どういたしまして。田中さんが早期英語教育に
　　興味があるなんて知りませんでした。

男　今、息子を通わせようと考えている幼稚園は英
　　語教育で有名らしいんです。妻が、英語、英語って
　　言うから通わせることになりそうなんだけれど、
　　実は僕はあまり賛成ではないんです。

女　そうだったんですか。この本を読んで、どう
　　でしたか。

男　この著者も、「まずは英語を」っていう考え方で
　　しょう？英語は言葉として分析できるように
　　なってからでいいって……。僕はどちらかとい
　　うと、そういう考え方の方ですね。

女　私は、外国語は「習うより慣れろ」っていう考え
　　方なので、田中さんとはちょっと違うかもしれ
　　ませんね。遊びながら英語に親しませたいな。

男　そういう学び方が合う子どももいると思うけれど、
　　人それぞれじゃないかな。僕は学ぶべき外国語
　　は英語だけじゃないって思っているんです。

女　えー、英語だけでも大変なのに、他の外国語も
　　勉強するのは私は無理だわ。

男　うーん、もちろん英語を軽く見るのは現実的で
　　はないと思うけれど、これからのグローバル社
　　会を生きていくためには、これからもっと発展
　　していきそうな外国語を誰よりも早く学ぶこと
　　が大切だと思うんですよ。

女　ああ、確かにアラビア語とか、アフリカの言語
　　が使えたら、ビジネスにも役立ちそうですね。

男　そうなんですよ。でもまずは英語をしっかり身

につけさせたいですね。

남　스즈키 씨, 이 책 재미있었어요. 빌려 주어서 고맙습니다.

여　뭘요. 다나카 씨가 조기 영어 교육에 흥미가 있을 줄 몰랐
　　어요.

남　지금, 아들을 보내려고 생각 중인 유치원은 영어교육으로
　　유명하다고 해요. 아내가 영어, 영어 하는 바람에 보내게 될
　　것 같은데, 실은 저는 그다지 찬성하지 않아요.

여　그랬군요. 이 책을 읽고 어땠어요?

남　이 저자도 '우선은 영어를'이라는 생각이잖아요? 영어는 말
　　로 분석할 수 있게 된 다음이어도 된다고, 저는 어느쪽이냐
　　하면 그런 생각이에요.

여　저는 외국어는 '배우기보다 익숙해져라'라는 생각으로, 다
　　나카 씨와는 조금 다를지도 모르겠네요. 놀면서 영어에 친
　　숙하게 하고 싶어요.

남　그런 학습방법이 맞는 아이도 있다고 생각하지만, 사람마다
　　제각각이지 않나요. 저는 배워야 하는 외국어는 영어 뿐만
　　이 아니라고 생각하고 있어요.

여　어머, 영어만으로도 힘든데, 다른 외국어도 공부하는 것은
　　저는 무리에요.

남　음, 물론 영어를 가볍게 보는 것은 현실적이지 않다고 생각
　　하지만, 앞으로의 글로벌 사회를 살아가기 위해서는 앞으로
　　좀 더 발전해갈 만한 외국어를 누구보다도 먼저 공부하는
　　것이 중요하다고 생각해요.

여　아, 확실히 아라비아어라든가 아프리카어를 할 수 있으면
　　비즈니스에도 도움이 되겠죠.

남　맞아요. 하지만, 우선은 영어를 확실히 익히게 해야 겠죠.

聞いてみよう 2

中学校の入試問題にはどんな慣用句が多く出てい
るのでしょうか。ある予備校が2011年から2013年ま
での国語の入試問題を調査した結果を発表しました。
最も多かったのは「腹を立てる」でした。これは怒る
状態を表した慣用句です。
　2位は「口にする」でした。これは「朝から何も口
にしていない」のように、食べる、飲むの意味と、
言葉に出して言う、という意味があります。3位は
「腹が立つ」でした。これも1位と同じで怒るという
意味ですが、こちらは自分が怒る時に使いますね。
　4位は二つあって、一つは「首をかしげる」、もう
一つは「耳を傾ける」でした。「首をかしげる」は疑問
に思うという意味、「耳を傾ける」は注意して聞く、
熱心に聞くという意味ですね。今、皆さんはこの内
容に耳を傾けて聞いていますか。

중학교 입시문제에는 어떤 관용구가 많이 나올까요? 한 입시학원
이 2011년부터 2013년까지의 국어 입시문제를 조사한 결과를 발표

했습니다. 가장 많은 것은 '腹を立てる'였습니다. 이것은 화를 내는 상태를 나타내는 관용구입니다.

2위는 '口にする'였습니다. 이것은 '아침부터 아무것도 입에 대지 않았다'와 같이 먹다, 마시다 라는 의미와 말로 하다 라는 의미가 있습니다. 3위는 '腹が立つ'였습니다. 이것도 1위와 마찬가지로 화내다 라는 의미인데, 이것은 자신이 화가 났을 때 사용합니다.

4위는 두 가지인데, 하나는 '고개를 갸웃하다', 또 다른 하나는 '귀를 기울이다'였습니다. '고개를 갸웃하다'는 의문스럽게 생각하다 라는 의미이고, '귀를 기울이다'는 주의해서 듣다, 열심히 듣다 라는 의미입니다. 지금, 여러분은 이 내용에 귀를 기울이고 듣고 있나요?

シャドーイングしてみよう

1回目

中学校の / 入試問題には / どんな慣用句が / 多く / 出ているのでしょうか。/ ある予備校が / 2011年から / 2013年までの / 国語の / 入試問題を / 調査した / 結果を / 発表しました。/ 最も多かったのは「腹を立てる」でした。/ これは / 怒る / 状態を / 表した / 慣用句です。

중학교 / 입시문제에는 / 어떤 관용구가 / 많이 / 나올까요? / 한 입시학원이 / 2011년부터 / 2013년까지의 / 국어 / 입시문제를 / 조사한 / 결과를 / 발표했습니다. / 가장 많은 것은 / '腹を立てる'였습니다. / 이것은 / 화를 내는 / 상태를 / 나타내는 / 관용구입니다.

2回目

中学校の入試問題には / どんな慣用句が / 多く出ているのでしょうか。/ ある予備校が / 2011年から2013年までの / 国語の入試問題を / 調査した結果を / 発表しました。/ 最も多かったのは /「腹を立てる」でした。/ これは怒る状態を / 表した慣用句です。

중학교 입시문제에는 / 어떤 관용구가 / 많이 나올까요? / 한 입시학원이 / 2011년부터 2013년까지의 / 국어 입시문제를 / 조사한 결과를 / 발표했습니다. / 가장 많은 것은 / '腹を立てる'였습니다. / 이것은 화를 내는 상태를 / 나타내는 관용구입니다.

3回目

中学校の入試問題には / どんな慣用句が多く出ているのでしょうか。/ ある予備校が / 2011年から2013年までの国語の入試問題を調査した結果を発表しました。/ 最も多かったのは「腹を立てる」でした。/ これは怒る状態を表した慣用句です。

중학교 입시문제에는 / 어떤 관용구가 많이 나올까요? / 한 입시학원이 / 2011년부터 2013년까지의 국어 입시문제를 조사한 결과를 발표했습니다. / 가장 많은 것은 '腹を立てる'였습니다. / 이것은 화를 내는 상태를 나타내는 관용구입니다.

コラム

日本語と韓国語のことわざ比較

日本語と韓国語のことわざの中には、意味や内容が似ているものがたくさんあります。例えば、動物が登場することわざ「牛 耳に経 読み」は「馬の耳に念仏」（ありがたみやその価値が分からないこと）、「고양이와 개」は「犬猿の仲」（仲が悪いこと）、「쥐 눈물」は「すずめの涙」（とても少ない量のこと）などと表現します。また、身体の部分が登場する慣用句の中で「발이 넓다」は「顔が広い」（知り合いが多いこと）、「배짱이 맞다」は「息が合う」（物事を行う調子が合うこと）、「눈 코 뜰 새도 없다」は「息をつく暇もない」などと表現します。ちょっと登場する動物や身体の部分が違っていることもありますが、そんなところも面白いですね。

일본어와 한국어의 속담 비교

일본어와 한국어의 속담 중에는 의미나 내용이 비슷한 것이 많이 있습니다. 예를 들면, 동물이 등장하는 속담 '소 귀에 경 읽기'는 '馬の耳に念仏'(고마움이나 그 가치를 알지 못하는 것), '고양이와 개'는 '犬猿の仲'(사이가 나쁨), '쥐 눈물'은 'すずめの涙'(아주 적은 양) 등으로 표현합니다. 또, 신체 부위가 등장하는 관용구 중에서 '발이 넓다'는 '顔が広い'(아는 사람이 많음), '배짱이 맞다'는 '息が合う'(어떤 일을 하는 흐름이 맞음), '눈 코 뜰 새도 없다'는 '息をつく暇도 없다'(息をつく暇もない) 등으로 표현합니다. 등장하는 동물이나 신체의 부분이 조금 다르기도 하지만, 그러한 부분도 재미있네요.

01　私と家族

ウォーミングアップ

1 ① d　② a　③ c　④ b
2 ① C　② A　③ D　④ B

聞いてみよう1

1 B, D
2 ①
3 ②

聞いてみよう2

CDを聞いた後に

1 A
2 c → a → b → d
3 C

02　学校と文化

ウォーミングアップ

1 ① c　② b　③ d　④ a
2 ① D　② B　③ A　④ C

聞いてみよう1

1 A
2 B
3 ②

聞いてみよう2

CDを聞いた後に

1 ④
2 ①, ④
3 ③, ④

03　私の生活

ウォーミングアップ

1 ① d　② b　③ c　④ a
2 ① D　② B　③ A　④ C

聞いてみよう1

1 A
2 B
3 ③

聞いてみよう2

CDを聞いた後に

1 D
2 A, D
3 ④

04　食と文化

ウォーミングアップ

1 ① d　② b　③ a　④ c
2 ① B　② A　③ D　④ C

聞いてみよう1

1 ①
2 ①
3 B

聞いてみよう2

CDを聞いた後に

1 ③, ④
2 C
3 B

05 ファッション文化

ウォーミングアップ

1 ① c　　② a　　③ d　　④ b
2 ① C　　② D　　③ A　　④ B

聞いてみよう1

1 B
2 C
3 ④

聞いてみよう2

CDを聞いた後に

1 B, D
2 ②, ③
3 ③

06 住まいと文化

ウォーミングアップ

1 ① c　　② b　　③ d　　④ a
2 ① C　　② A　　③ D　　④ B

聞いてみよう1

1 ①
2 ①
3 A, D

聞いてみよう2

CDを聞いた後に

1 ②
2 ③
3 ①, ④

07 体と健康

ウォーミングアップ

1 ① d　　② a　　③ c　　④ b
2 ① D　　② A　　③ B　　④ C

聞いてみよう1

1 C
2 B
3 A, D

聞いてみよう2

CDを聞いた後に

1 A, B, D
2 A, C
3 ②, ④

08 趣味と遊び

ウォーミングアップ

1 ① d　　② b　　③ a　　④ c
2 ① B　　② A　　③ C　　④ D

聞いてみよう1

1 ②, ③
2 ④
3 ③

聞いてみよう2

CDを聞いた後に

1 ②
2 ③
3 ③

09 買いもの

ウォーミングアップ

1 ① c ② d ③ b ④ a
2 ① B ② A ③ D ④ C

聞いてみよう 1

1 A
2 C
3 B

聞いてみよう 2

CDを聞いた後に

1 A
2

	Sサイズ	Mサイズ	Lサイズ
人数	(d)	(a , d)	(b , d)
価格	(g)円	(f)円	(e)円

3 ②, ③

10 交通と旅行

ウォーミングアップ

1 ① d ② a ③ c ④ b
2 ① D ② B ③ C ④ A

聞いてみよう 1

1 ③
2 ④
3 ③

聞いてみよう 2

CDを聞いた後に

1 ③
2 ④
3 ②

11 日本社会の人付き合い

ウォーミングアップ

1 ① c ② a ③ b ④ d
2 ① D ② A ③ C ④ B

聞いてみよう 1

1 C
2 A
3 ②

聞いてみよう 2

CDを聞いた後に

1 1位 C － 2位 B － 3位 D
2 ①, ③
3 ③

12 いろいろな行事

ウォーミングアップ

1 ① c ② b ③ a ④ d
2 ① D ② B ③ C ④ A

聞いてみよう 1

1 ③
2 ①, ②, ④
3 ②

聞いてみよう 2

CDを聞いた後に

1 C
2 ④
3 ③, ④

13　自然と防災

ウォーミングアップ

1　① b　　② c　　③ d　　④ a
2　① A　　② D　　③ B　　④ C

聞いてみよう1

1　B
2　③
3　④

聞いてみよう2

CDを聞いた後に

1　A
2　①, ②, ③
3　①, ③

14　私たちの社会と世界

ウォーミングアップ

1　① a　　② b　　③ d　　④ c
2　① C　　② A　　③ B　　④ D

聞いてみよう1

1　D
2　④
3　①, ④

聞いてみよう2

CDを聞いた後に

1　③
2　①
3　③

15　言葉

ウォーミングアップ

1　① a　　② c　　③ b　　④ d
2　① D　　② A　　③ B　　④ C

聞いてみよう1

1　B
2　①, ③
3　②, ④

聞いてみよう2

CDを聞く前に

① D　　② B　　③ A　　④ C

CDを聞いた後に

1　B
2　A, C
3　①, ④

1과부터 15과까지 나온 단어를 정리하였습니다.

01 私と家族

合う(あう) 맞다, 어울리다

祖母(そぼ) 할머니

卒業する(そつぎょうする) 졸업하다

運転免許(うんてんめんきょ) 운전면허

とる 집다, 취하다

まずは 우선은

しっかり 확실히, 제대로

暮らす(くらす) 생활하다

孫(まご) 손자

両親(りょうしん) 양친, 부모님

妻(つま) 부인, 아내

ゲスト 손님

迎える(むかえる) 맞이하다

サラリーマン 샐러리맨, 봉급생활자

田舎(いなか) 시골

悩む(なやむ) 고민하다

高齢(こうれい) 고령

同居(どうきょ) 동거

目標(もくひょう) 목표

調査(ちょうさ) 조사

結果(けっか) 결과

発表する(はっぴょうする) 발표하다

記事(きじ) 기사

見出し(みだし) 표제, 표제어

対象(たいしょう) 대상

年齢(ねんれい) 연령

成人(せいじん) 성인

出来事(できごと) 일, 사건

東日本大震災(ひがしにほんだいしんさい)
동일본대지진

～を機に(～をきに) ～을 계기로

高収入(こうしゅうにゅう) 고수입

出世(しゅっせ) 출세

～によって ～에 의해

社会貢献(しゃかいこうけん) 사회공헌

増加する(ぞうかする) 증가하다

現象(げんしょう) 현상

起こる(おこる) 일어나다, 발생하다

世相(せそう) 세태, 세상

表す(あらわす) 나타내다, 표현하다

一文字(ひともじ) 한 글자

選ぶ(えらぶ) 선택하다, 고르다

絆(きずな) 인연, 유대, 굴레

人々(ひとびと) 사람들

意識(いしき) 의식

02 学校と文化

部活(ぶかつ) 동아리 활동, 클럽 활동

健康(けんこう) 건강

お先に(おさきに) 먼저

動物園(どうぶつえん) 동물원

もしかしたら 혹시, 어쩌면

～って(＝～というのは) ～란

はやる 유행하다

九州(きゅうしゅう) 규슈 (일본의 지명)

ありがたい 고맙다

思い出(おもいで) 추억

懐かしい(なつかしい) 그립다

引き止める(ひきとめる) 말리다, 만류하다

さまざま 다양함

制度(せいど) 제도

そのまま 그대로

負担(ふたん) 부담

減る(へる) 줄다, 감소하다

その分(そのぶん) 그만큼

体験(たいけん) 체험, 경험

特徴(とくちょう) 특징

交流協定校(こうりゅうきょうていこう) 교류협정교

校内(こうない) 교내

施設(しせつ) 시설

充実する(じゅうじつする) 충실히하다, 보완하다

学習(がくしゅう) 학습

整う(ととのう) 정돈되다, 갖추어지다

桜(さくら) 벚나무

時期(じき) 시기

知らせる(しらせる) 알리다

つまり 결국, 즉

～にとって ～(에)게 있어

各地(かくち) 각지

名所(めいしょ) 명소

一方(いっぽう) 한편

雰囲気(ふんいき) 분위기

イメージ 이미지

学期(がっき) 학기

訪れる(おとずれる) 방문하다, (계절이) 찾아오다

別れ(わかれ) 이별, 헤어짐

始まり(はじまり) 시작

象徴する(しょうちょうする) 상징하다

03 私の生活

司会者(しかいしゃ) 사회자

テーマ 테마, 주제

タレント 탤런트, 연예인

今回(こんかい) 이번

インタビュー 인터뷰

まとめる 정리하다, 종합하다

グラフ 그래프

全て(すべて) 전부, 모두

面(めん) 면

～番目(～ばんめ) ～번째

～すぎない 너무 ～하지 않다

そのせいか 그 때문인지

当たり前(あたりまえ) 당연함

～としても ～(으)로서도

想像する(そうぞうする) 상상하다

引っ越し(ひっこし) 이사

届く(とどく) 도착하다, 도달하다

筆記試験(ひっきしけん) 필기시험

創造(そうぞう) 창조

進歩(しんぽ) 진보

学問する(がくもんする) 학문하다

名誉教授(めいよきょうじゅ) 명예교수

発行する(はっこうする) 발행하다

ベストセラー 베스트셀러

生かす(いかす) 살리다, 활용하다

ポジティブ 긍정적인

恥(はじ) 부끄러움

マイナスに 부정적으로

傾向(けいこう) 경향

隠す(かくす) 숨기다

期待される(きたいされる) 기대되다

日常生活(にちじょうせいかつ) 일상생활

考え方(かんがえかた) 사고방식

04 食と文化

ユネスコ 유네스코, 국제연합 교육 과학 문화기구

無形文化遺産(むけいぶんかいさん) 무형문화유산

センチ 센티미터

コメンテーター 코멘테이터, 해설자

感じる(かんじる) 느끼다

登録される(とうろくされる) 등록되다

それなのに 그런데, 그럼에도

チャレンジ 도전

コーナー 코너

お悩み(おなやみ) 고민

お便り(おたより) 소식, 편지

作り方(つくりかた) 만드는 법

材料(ざいりょう) 재료

ミリ 밀리미터

程度(ていど) 정도

さらに 게다가, 거기다

裏返す(うらがえす) 뒤집다

出来上がり(できあがり) 완성

試す(ためす) 시험하다, 시험삼아 하다

グルメ 구루메, 맛집, 미식가

気軽(きがる) 부담없음, 가벼움

例えば(たとえば) 예를 들어

ラーメン 라면

コロッケ 고로케, 크로켓

餃子(ぎょうざ) 만두

全国各地(ぜんこくかくち) 전국각지
グランプリ 그랑프리, 대상
集まる(あつまる) 모이다, 집합하다
楽しみ方(たのしみかた) 즐기는 법
旅(たび) 여행

05 ファッション文化

披露宴(ひろうえん) 피로연
実は(じつは) 사실은
結婚式(けっこんしき) 결혼식
お葬式(おそうしき) 장례식
行事(ぎょうじ) 행사
夫婦(ふうふ) 부부
新婦(しんぷ) 신부
目立つ(めだつ) 눈에 띄다
わざわざ 일부러
お客(おきゃく) 손님
売れる(うれる) 팔리다
徐々に(じょじょに) 서서히
～としては ～(으)로서는
カフェ 카페
日常的(にちじょうてき) 일상적
コメント 코멘트, 논평, 의견
得る(える) 얻다
ファッションビル 패션쇼핑몰
商品(しょうひん) 상품
こうした 이러한
一般的(いっぱんてき) 일반적
リメイク 리메이크, 개작
再活用する(さいかつようする) 재활용하다
以前(いぜん) 이전
状態(じょうたい) 상태
デザイン 디자인
～のまま ～인 채로
現代風(げんだいふう) 현대풍
バッグ 백, 가방
マフラー 머플러
ニュアンス 뉘앙스, 미묘한 차이

素材(そざい) 소재
美しい(うつくしい) 아름답다
簡単に(かんたんに) 간단하게
おしゃれ 멋짐, 멋부림
作品(さくひん) 작품
生まれ変わる(うまれかわる) 다시 태어나다
裁縫(さいほう) 재봉
譲られた(ゆずられた) 양도된, 물려받은
ネット 인터넷
販売(はんばい) 판매
方法(ほうほう) 방법
人気(にんき) 인기

06 住まいと文化

分かれる(わかれる) 나뉘다, 구분되다
アドバイス 충고
～(し)たまま ～(한) 채로
おすすめ 추천
寮(りょう) 기숙사
各(かく) 각
他人(たにん) 타인, 남
お部屋(おへや) 방
ごろん 누워 뒹굴거림
別(べつ) ～별, 따로
女優(じょゆう) 여배우
早速(さっそく) 즉시, 바로, 어서
ペンネーム 펜네임, 필명
好み(このみ) 취향
気持ちいい(きもちいい) 기분좋다
参考になる(さんこうになる) 참고가 되다
さて 그럼, 자
住居(じゅうきょ) 주거
共同生活(きょうどうせいかつ) 공동생활
場(ば) 자리, 장소, 때, 경우
～にあたって ～할 즈음, ～에 맞춰
寮内(りょうない) 기숙사 내
～を含め(～をふくめ) ～을 포함해
国際交流館(こくさいこうりゅうかん) 국제교류관

以降(いこう) 이후

未成年(みせいねん) 미성년

くれぐれも 아무쪼록

一戸建て(いっこだて) 단독주택

マンション 맨션

可能(かのう) 가능

ずらっと 즐비하게 늘어선 모양

並ぶ(ならぶ) 나란히 서다, 늘어서다

風景(ふうけい) 풍경

あちこち 여기저기

土地(とち) 토지

気候(きこう) 기후

合わせる(あわせる) 맞추다, 적합하게 하다

面白い(おもしろい) 재미있다

07 体と健康

疲れをとる(つかれをとる) 피로를 풀다

蜂蜜(はちみつ) 벌꿀

風邪薬(かぜぐすり) 감기약

真っ赤(まっか) 새빨강

体質(たいしつ) 체질

なんだか 왠지, 어쩐지

効果(こうか) 효과

タオル 타올, 수건

くさい 냄새가 나다, 역하다

さすがに 역시, 과연

花粉症(かふんしょう) 화분증

外す(はずす) 벗다, 떼다

知識(ちしき) 지식

対応する(たいおうする) 대응하다

ドクター 닥터, 의사

つらい 괴롭다

抑える(おさえる) 억제하다

患者(かんじゃ) 환자

実際(じっさい) 실제

やり方(やりかた) (하는) 방법

取り入れる(とりいれる) 받아들이다, 도입하다

いわば 이른바, 말하자면

国民病(こくみんびょう) 국민병

森林(しんりん) 삼림

面積(めんせき) 면적

国土(こくど) 국토

スギ林(すぎばやし) 삼나무숲

占める(しめる) 차지하다, 점유하다

鼻づまり(はなづまり) 코막힘

くしゃみ 재채기

かゆみ 가려움

集中する(しゅうちゅうする) 집중하다

対策(たいさく) 대책

甜茶(てんちゃ) 감차

ドリンク 드링크

サプリメント 보조제

アロマオイル 아로마오일

塗る(ぬる) 바르다, 칠하다

クリーム 크림

空気清浄機(くうきせいじょうき) 공기청정기

性能(せいのう) 성능

発売(はつばい) 발매

～に限らず(～にかぎらず) ～뿐만 아니라

ウィルス 바이러스

身を守る(みをまもる) 몸을 지키다

08 趣味と遊び

休憩(きゅうけい) 휴식

俳優(はいゆう) 배우

落ち着く(おちつく) 차분하다, 침착하다

札(ふだ) (카드 등의) 패

ただの 단지, 그저, 단순한

超える(こえる) 뛰어넘다, 초월하다

人生(じんせい) 인생

感じ(かんじ) 느낌

舞台(ぶたい) 무대

演技(えんぎ) 연기

合間(あいま) 틈, 사이

お手つき(おてつき) 잘못 집음

反則(はんそく) 반칙

奥が深い(おくがふかい) 깊이가 있다
参考(さんこう) 참고
見つめる(みつめる) 바라보다, 응시하다
作家(さっか) 작가
お越しいただく(おこしいただく) 와 주시다
すてき 멋짐
まさに 그야말로
ドラマ 드라마
関心(かんしん) 관심
伝わる(つたわる) 전해지다
現代(げんだい) 현대
楽しむ(たのしむ) 즐기다
重なる(かさなる) 겹치다, 거듭되다, 쌓이다
先ほど(さきほど) 조금전, 바로 전
絵札(えふだ) 그림 패
読み札(よみふだ) 글자 패
カード 카드
ゲーム 게임
重ねる(かさねる) 겹치다, 거듭하다
方向(ほうこう) 방향
位置(いち) 위치
正確(せいかく) 정확함
間違う(まちがう) 틀리다
とにかく 아무튼, 어쨌든
相手(あいて) 상대
該当する(がいとうする) 해당하다
並べ方(ならべかた) 늘어놓는 법
勝ち(かち) 승리, 이김
親戚(しんせき) 친척
種類(しゅるい) 종류
ことわざ 속담
地域(ちいき) 지역
情報(じょうほう) 정보
小倉百人一首(おぐらひゃくにんいっしゅ)
일본의 유명한 100인의 고전 시인들의 시가
全国大会(ぜんこくたいかい) 전국대회
汗を流す(あせをながす) 땀을 흘리다
戦う(たたかう) 싸우다
マンガ 만화

09 買いもの

用品(ようひん) 용품
テント 텐트
防ぐ(ふせぐ) 막다, 방어하다
キャンプ 캠프, 캠핑
ベビーバス 아기 욕조
膨らませる(ふくらませる) 부풀게 하다
はしご 사다리
持ち運び(もちはこび) 운반, 들고 나름
楽に(らくに) 편하게
たたむ 접다다, 개다
付属(ふぞく) 부속
付く(つく) 대책붙다, 달라 붙다, 딸리다
ケース 케이스
ランプ 램프
ジャンル 장르
ランチ 런치, 점심
楽しめる(たのしめる) 즐길 수 있다
せっかく 모처럼, 애써
もったいない 아깝다
網戸(あみど) 망사문, 모기장
普段(ふだん) 보통
シート 시트
倒す(たおす) 넘어뜨리다, 쓰러뜨리다
屋根(やね) 천장
広さ(ひろさ) 넓이
スペース 공간
快適(かいてき) 쾌적함
クレジットカード 신용카드
支払う(しはらう) 지불하다, 결제하다
~派(~は) ~파
現金(げんきん) 현금
電子マネー(でんしマネー) 전자머니
デビットカード 체크카드
~大国(~たいこく) ~대국
珍しい(めずらしい) 드물다
ポイント 포인트
たまる 쌓이다
記録(きろく) 기록
残る(のこる) 남다

家計簿(かけいぼ) 가계부
メリット 장점
今後(こんご) 금후, 앞으로
認識される(にんしきされる) 인식되다
移行する(いこうする) 이행하다
増える(ふえる) 늘다, 증가하다

⑩ 交通と旅行

遅れる(おくれる) 늦어지다
着陸態勢(ちゃくりくたいせい) 착륙태세
ビール 맥주
ホットコーヒー 뜨거운 커피
〜号車(〜ごうしゃ) 〜호차
さよう 그러함
状況(じょうきょう) 상황
購入する(こうにゅうする) 구입하다
混雑する(こんざつする) 혼잡하다
体調が悪い(たいちょうがわるい) 몸이 좋지 않다
航空会社(こうくうがいしゃ) 항공회사
皆様(みなさま) 여러분
無事(ぶじ) 무사함
既に(すでに) 이미
経つ(たつ) 지나다, 경과하다
〜次第(〜しだい) 〜(하)는 대로
今のところ(いまのところ) 지금, 현재
〜名(〜めい) 〜명
詳しい(くわしい) 자세하다, 상세하다
誠に(まことに) 진심으로
自宅(じたく) 자택
戻る(もどる) 돌아가다
地上の係員(ちじょうのかかりいん) 지상 담당자
トラブル 트러블, 문제
発生する(はっせいする) 발생하다
解決する(かいけつする) 해결하다
名古屋(なごや) 나고야 (일본의 지명)
新幹線(しんかんせん) 신칸센, 일본의 고속철도 열차
停まる(とまる) 멈추다, 서다
全て(すべて) 모두

携帯電話(けいたいでんわ) 휴대전화
車両(しゃりょう) 차량
緑色(みどりいろ) 녹색
リラックスする (긴장을 풀고) 쉬다
売店(ばいてん) 매점
サービス 서비스
座席(ざせき) 좌석
電源(でんげん) 전원
通話(つうわ) 통화
遅延証明書(ちえんしょうめいしょ) 지연증명서
交通機関(こうつうきかん) 교통기관
公式的(こうしきてき) 공식적
遅刻(ちこく) 지각
発給する(はっきゅうする) 발급하다
駅員(えきいん) 역무원

⑪ 日本社会の人付き合い

引っ越し祝い(ひっこしいわい) 이사 선물
お土産(おみやげ) 기념품
温泉(おんせん) 온천
キーホルダー 열쇠고리
上司(じょうし) 상사
都会(とかい) 도시, 도회
週末(しゅうまつ) 주말
具体的(ぐたいてき) 구체적
割引(わりびき) 할인
年々(ねんねん) 매년, 해마다
贈る(おくる) 보내다, 선물하다
つながる 연결되다, 이어지다
お世話になる(おせわになる) 신세를 지다
お伝えする(おつたえする) 전달하다
受け取る(うけとる) 받다, 받아들이다
友人(ゆうじん) 친구
知人(ちじん) 지인
行われる(おこなわれる) 실시되다, 거행해지다
出産(しゅっさん) 출산
喜び(よろこび) 기쁨
悲しみ(かなしみ) 슬픔

～に対して(～にたいして) ～에 대해

～際に(～さいに) ～(할) 때

助け合う(たすけあう) 서로 돕다

必ずしも(かならずしも) 반드시

本来(ほんらい) 본래

～自体(～じたい) ～자체

感謝(かんしゃ) 감사

気持ち(きもち) 마음, 기분

特に(とくに) 특히, 특별히

災害(さいがい) 재해

回復(かいふく) 회복

⑫ いろいろな行事

嫌がる(いやがる) 싫어하다

内容(ないよう) 내용

ゴロゴロする 빈둥빈둥하다

貴重(きちょう) 귀중함

個人的(こじんてき) 개인적

積極的(せっきょくてき) 적극적

寺院(じいん) 사원

お墓(おはか) 무덤

日にち(ひにち) 날짜, 일자

年中行事(ねんじゅうぎょうじ) 연중행사

挙げる(あげる) 예를 들다

異なる(ことなる) 다르다

違い(ちがい) 다름, 차이

共通点(きょうつうてん) 공통점

相違点(そういてん) 차이점

古くから(ふるくから) 옛날부터, 예로부터

区別する(くべつする) 구별하다

呼ぶ(よぶ) 부르다

きちんと 확실히, 깔끔하게, 제대로

誕生日(たんじょうび) 생일

⑬ 自然と防災

津波(つなみ) 쓰나미, 해일

恐れ(おそれ) 우려, 걱정, 위험

避難訓練(ひなんくんれん) 피난훈련

警報(けいほう) 경보

ただちに 즉시

避難する(ひなんする) 피난하다

缶詰(かんづめ) 통조림

注目される(ちゅうもくされる) 주목받다

定期的(ていきてき) 정기적

食品(しょくひん) 식품

最低でも(さいていでも) 최소한

～食分(～しょくぶん) ～식분

キッチン 키친, 부엌

影響(えいきょう) 영향

予想する(よそうする) 예상하다

休める(やすめる) 쉬게 하다

完全(かんぜん) 완전

取り除く(とりのぞく) 제거하다, 없애다

公民館(こうみんかん) 공민관, 주민회관

関東地方(かんとうちほう) 관동지방

トラック 트럭

体育館(たいいくかん) 체육관

配る(くばる) 나눠주다, 배부하다

道路(どうろ) 도로

線路(せんろ) 선로

～軒(～けん) ～채 (건물의 수를 세는 말)

ヘリコプター 헬리콥터

力を合わせる(ちからをあわせる) 힘을 합치다

可能(かのう) 가능

身近(みぢか) 근처, 주변

協力する(きょうりょくする) 협력하다

具体的に(ぐたいてきに) 구체적으로

防災グッズ(ぼうさいグッズ) 방재 상품

集合(しゅうごう) 집합

炊き出し(たきだし) (이재민 등에게) 밥을 지어 돌림

何事(なにごと) 무슨 일, 만사

減災(げんさい) 감재

職場(しょくば) 직장

国際交流協会(こくさいこうりゅうきょうかい)

국제교류협회

～向け(～むけ) ～대상

行う(おこなう) 실시하다, 시행하다

多言語情報(たげんごじょうほう) 다언어정보

作成(さくせい) 작성

いざという時に(いざというときに) 유사시에

冷静(れいせい) 냉정

行動する(こうどうする) 행동하다

公共施設(こうきょうしせつ) 공공시설

確認する(かくにんする) 확인하다

⑭ 私たちの社会と世界

ちゃんと 확실히, 정확히

分別する(ぶんべつする) 분별하다

保育園(ほいくえん) 보육원

辺り(あたり) 부근, 주변, 근처

話し合う(はなしあう) 서로 이야기하다

燃えるごみ(もえるごみ) 타는 쓰레기

燃えないごみ(もえないごみ) 타지 않는 쓰레기

選択(せんたく) 선택

増やす(ふやす) 늘리다

整える(ととのえる) 정리하다, 가다듬다

労働人口(ろうどうじんこう) 노동인구

教師(きょうし) 교사

数(かず) 수

未来(みらい) 미래

ゲストの方々(ゲストのかたがた) 손님 여러분

少子化問題(しょうしかもんだい) 저출산문제

結果的(けっかてき) 결과적

サポート 서포트, 지지, 지원

～に関する(～にかんする) ～에 관한

実践する(じっせんする) 실천하다

見習う(みならう) 보고 배우다

個人(こじん) 개인

変化(へんか) 변화

議論(ぎろん) 의론, 논의, 토론

工夫(くふう) 궁리, 고안

企業(きぎょう) 기업

責任(せきにん) 책임

処理費用(しょりひよう) 처리비용

負担する(ふたんする) 부담하다, 책임지다

容器(ようき) 용기, 그릇

中身(なかみ) 속, 알맹이, 내용

製品(せいひん) 제품

減らす(へらす) 줄이다

焼却(しょうきゃく) 소각

話題(わだい) 화제

燃やす(もやす) 태우다

成功する(せいこうする) 성공하다

消費者(しょうひしゃ) 소비자

用いる(もちいる) 쓰다, 사용하다, 이용하다

詰める(つめる) 빈틈이 없게 하다, 절약하다

消費(しょうひ) 소비

廃棄(はいき) 폐기

過程(かてい) 과정

エネルギー 에너지

敬意(けいい) 경의

愛(あい) 사랑, 애정

こめる 담다

活動家(かつどうか) 활동가

関連行事(かんれんぎょうじ) 관련행사

出会う(であう) 만나다

広める(ひろめる) 널리 알려지게 하다

自然(しぜん) 자연

接する(せっする) 접하다

⑮ 言葉

親しむ(したしむ) 친해지다, 친숙해지다

学ばせる(まなばせる) 배우게 하다

国語(こくご) 국어

アラビア語(アラビアご) 아라비아어, 아랍어

言語(げんご) 언어

留学させる(りゅうがくさせる) 유학시키다

発展する(はってんする) 발전하다

学ぶ(まなぶ) 공부하다, 배우다

～なんて ～라니

著者(ちょしゃ) 저자

〜べき 〜해야만 함

現実的(げんじつてき) 현실적

デメリット 결점, 단점

考え(かんがえ) 생각

その上で(そのうえで) 그에 더해, 게다가

〜に対する(〜にたいする) 〜에 대한

抵抗感(ていこうかん) 저항감

能力(のうりょく) 능력

高まる(たかまる) 높아지다, 고조되다

学習(がくしゅう) 학습

母語(ぼご) 모어, 모국어

劣る(おとる) 떨어지다, 뒤지다

腹が黒い(はらがくろい) 속이 검다, 응큼하다

事件(じけん) 사건

疑問(ぎもん) 의문

表現する(ひょうげんする) 표현하다

身体(からだ) 몸, 신체

部分(ぶぶん) 부분

知り合い(しりあい) 아는 사이, 친분

物事(ものごと) 사물, 일

調子(ちょうし) 상태

지은이 사와베 유코, 미네자키 토모코
펴낸이 정규도
펴낸곳 (주)다락원

초판 1쇄 발행 2014년 9월 19일
초판 5쇄 발행 2025년 2월 2일

책임편집 송화록, 손명숙
디자인 정현석, 김나경, 정규옥
삽화 이함렬

다락원 경기도 파주시 문발로 211
내용문의: (02)736-2031 내선 460~465
구입문의: (02)736-2031 내선 250~252
Fax: (02)732-2037
출판등록 1977년 9월 16일 제406-2008-000007호

ISBN 978-89-277-1111-7 18730
      978-89-277-1109-4 (set)

사진제공 JNTO
            Shutterstock
            Google

http://www.darakwon.co.kr

- 다락원 홈페이지를 방문하시면 상세한 출판 정보와 함께 동영상 강좌, MP3 자료 등 다양한 어학 정보를 얻으실 수 있습니다.
- 다락원 홈페이지 자료실에서 MP3 파일(무료)을 다운로드 받으실 수 있습니다.